하루하루 맞춤법 + 받아쓰기

이 책의 특징

< 하루하루 맞춤법+받아쓰기 >는
소리와 표기가 다른 우리말 맞춤법의 규칙과 원리를 제대로 익히고
받아쓰기 실전까지 확실하게 대비할 수 있는 종합 교재입니다.

맞춤법+받아쓰기

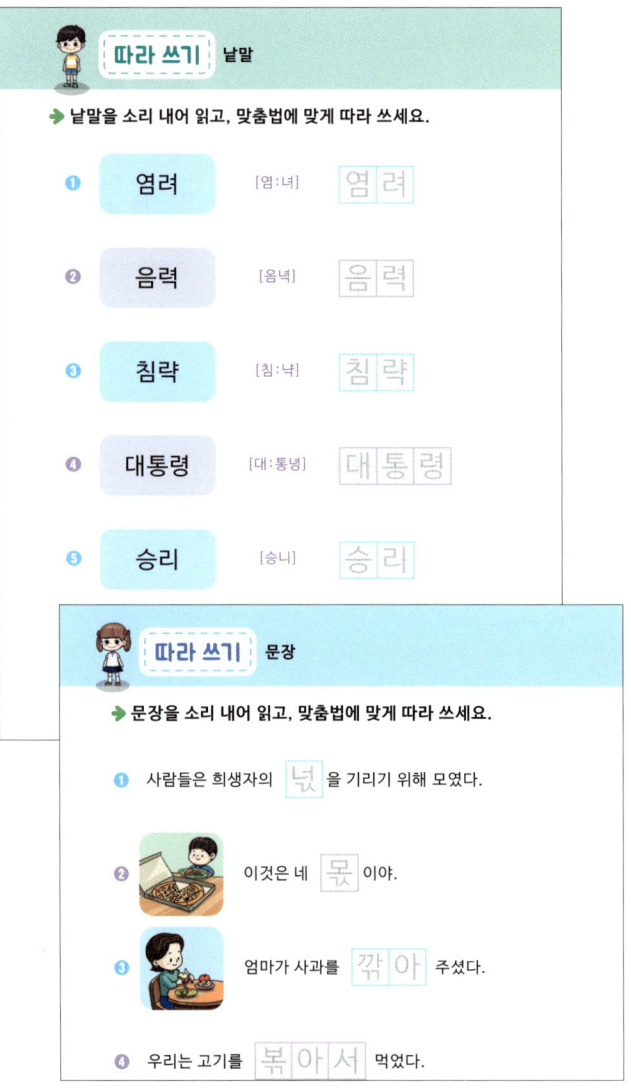

맞춤법 익히기

맞춤법의 규칙과 원리를 쉽게 이해하고 자연스럽게 익힙니다.

낱말과 문장 따라 쓰기

규칙이 적용된 예시 낱말과 문장을 따라 쓰며 연습합니다.

하루하루 맞춤법+받아쓰기

'맞춤법'과 '받아쓰기' 학습을 위한 다양한 활동은
아이들 눈높이에 맞춘 교과 어휘를 중심으로 쉽고 재미있게 구성하였으며,
학습한 내용을 확인하고 정리할 수 있는 받아쓰기 세트를 수록하였습니다.

● 다양한 활동 ●

● 마무리 학습 ●

익히기 & 확인하기 & 실력평가

여러 가지 활동으로 배운 내용을 정리하고
스스로 실력을 평가해 봅니다.

받아쓰기 급수 & 받아쓰기 & 따라 쓰기

음원을 듣고 받아쓰기 연습을 통해 실전에 대비하고,
본 교재에서 공부한 맞춤법을 종합적으로 확인합니다.

받아쓰기 MP3 다운로드

잘 듣고 받아쓰기 연습을 하세요.
blog.naver.com/languagebook

차례

소리 나는 대로 쓰지 않는 말

1일 차	[ㄴ]으로 소리 나는 말	8
2일 차	[ㄹ]로 소리 나는 말	12
3일 차	[ㅁ]으로 소리 나는 말	16
4일 차	[ㅇ]으로 소리 나는 말	20
5일 차	[ㅈ/ㅊ]으로 소리 나는 말	24
	확인하기 1	28

같거나 비슷한 소리가 나는 말

6일 차	반드시/반듯이, 지그시/지긋이, 이따가/있다가	32
7일 차	시키다/식히다, 다치다/닫치다/닫히다	36
8일 차	때/떼, 모래/모레, 텃새/텃세	40
9일 차	매다/메다, 배다/베다, 새다/세다	44
10일 차	해어지다/헤어지다, 해치다/헤치다/해치우다	48
	확인하기 2	52

다른 받침이 같은 소리로 나는 말

11일 차	낫다/낮다, 낫/낮/낯	56
12일 차	빗다/빛다, 빗/빚/빛	60
13일 차	맞다/맡다, 갔다/갖다/같다	64
14일 차	젓다/젖다, 짓다/짖다/짙다	68
15일 차	덥다/덮다, 업다/없다/엎다	72
	확인하기 3	76

하루하루 맞춤법+받아쓰기

쌍받침&겹받침이 들어 있는 말

16일 차	넋/몫, 깎다/볶다/섞다	80
17일 차	끊다/많다, 끓다/닳다/싫다	84
18일 차	앉다/얹다, 값싸다/가엾다/없애다	88
19일 차	닮다/젊다, 낡다/밝다/읽다	92
20일 차	핥다/훑다, 밟다/얇다/짧다	96
	확인하기 4	100

뜻에 맞게 써야 하는 말

21일 차	봉오리/봉우리, 한참/한창, 거저/그저	104
22일 차	겨누다/겨루다, 마치다/맞추다/맞히다	108
23일 차	작다/적다, 잃어버리다/잊어버리다, 비기다/비키다	112
24일 차	가르치다/가리키다, 다르다/틀리다, 부수다/부시다	116
25일 차	느리다/늦다, 빠르다/이르다, 빨리/일찍	120
	확인하기 5	124

실력평가 1~5		126
문장부호		136
받아쓰기 급수 1~10		138

받아쓰기 10회

받아쓰기/따라 쓰기 1~10		149
정답		169

소리 나는 대로 쓰지 않는 말

- **1일차** [ㄴ]으로 소리 나는 말
- **2일차** [ㄹ]로 소리 나는 말
- **3일차** [ㅁ]으로 소리 나는 말
- **4일차** [ㅇ]으로 소리 나는 말
- **5일차** [ㅈ/ㅊ]으로 소리 나는 말

1일 차 [ㄴ]으로 소리 나는 말

알아보기

🪄 앞 글자의 받침이 ㅁ/ㅇ이고 뒷글자의 첫소리가 ㄹ이면,
ㄹ은 [ㄴ]으로 소리 나요.

| 받침 ㅁ+ㄹ | → | 읽기 [받침 ㅁ+ㄴ] | 쓰기 |

음료   [음ː뇨]   음료

| 받침 ㅇ+ㄹ | → | 읽기 [받침 ㅇ+ㄴ] | 쓰기 |

공룡   [공ː뇽]   공룡

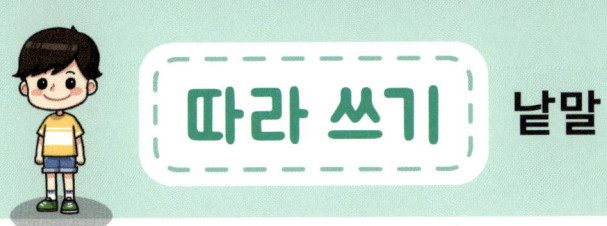

따라 쓰기 낱말

➡ 낱말을 소리 내어 읽고, 맞춤법에 맞게 따라 쓰세요.

① 염려 [염ː녀] 염려

② 음력 [음녁] 음력

③ 침략 [침ː냑] 침략

④ 대통령 [대ː통녕] 대통령

⑤ 승리 [승니] 승리

⑥ 정류장 [정뉴장] 정류장

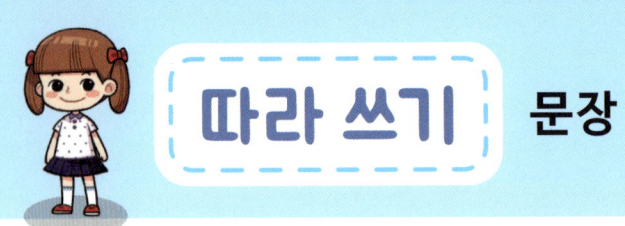

문장

→ **문장을 소리 내어 읽고, 맞춤법에 맞게 따라 쓰세요.**

① 엄마는 염려 가 많으세요.

②  음력 8월 15일은 추석이다.

③ 우리 모두 적의 침략 에 대비하자!

④ 대통령 이 인사합니다.

⑤ 한국팀은 승리 를 거두었다.

⑥  오빠는 정류장 에서 버스를 기다려요.

익히기 1

정답 p. 169

➡ 하하의 그림일기예요. 틀린 것을 바르게 고쳐 쓰세요.

| 3 월 22 일 토 요일 | 날씨 맑음 |

나는 ①정뉴장에서 ②음뇨를 마시면서 버스를 기다리고 있었다. 그때 루루가 ③공뇽 인형을 들고 왔다. 루루는 ④음녁으로 내일이 생일이라고 했다.

① 정뉴장 ➡ ☐☐☐   ② 음뇨 ➡ ☐☐

③ 공뇽 ➡ ☐☐   ④ 음녁 ➡ ☐☐

2일 차 [ㄹ]로 소리 나는 말

알아보기

- 앞 글자의 받침이 ㄴ이고 뒷글자의 첫소리가 ㄹ이면, 받침 ㄴ은 [ㄹ]로 소리 나요.
- 앞 글자의 받침이 ㄹ이고 뒷글자의 첫소리가 ㄴ이면, ㄴ은 [ㄹ]로 소리 나요.

받침 ㄴ + ㄹ → 읽기 [받침 ㄹ + ㄹ]

산신령 [산실령]

쓰기: 산신령

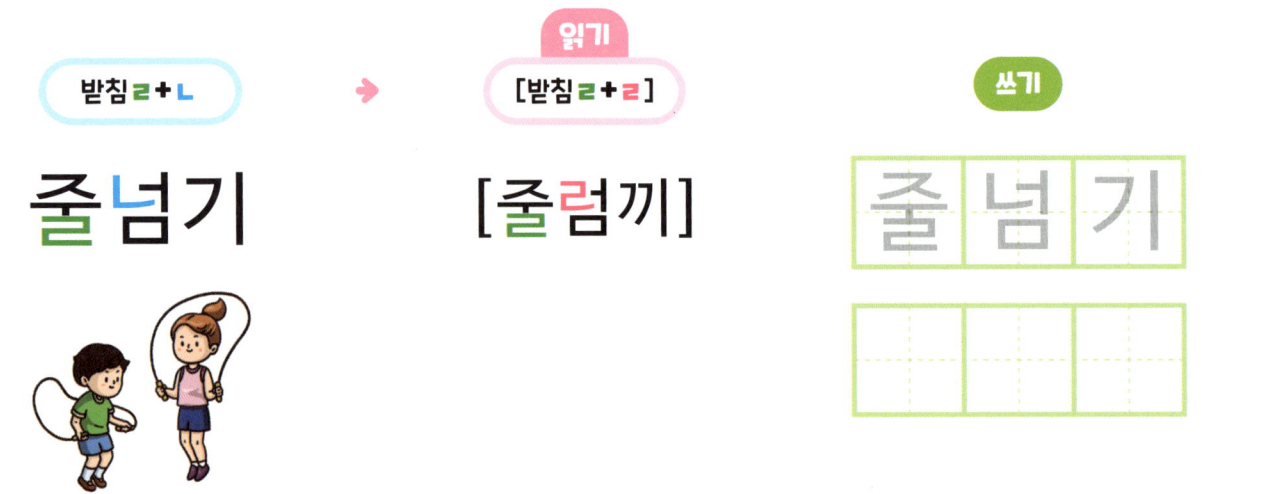

받침 ㄹ + ㄴ → 읽기 [받침 ㄹ + ㄹ]

줄넘기 [줄럼끼]

쓰기: 줄넘기

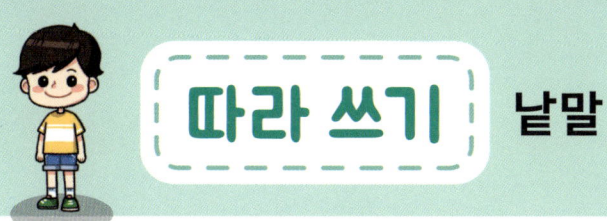

따라 쓰기 낱말

➤ 낱말을 소리 내어 읽고, 맞춤법에 맞게 따라 쓰세요.

1. 난로 [날ː로] 난로

2. 반려동물 [발ː려동물] 반려동물

3. 훈련 [훌ː련] 훈련

4. 물놀이 [물로리] 물놀이

5. 설날 [설ː랄] 설날

6. 실내화 [실래화] 실내화

13

따라 쓰기   문장

➡ 문장을 소리 내어 읽고, 맞춤법에 맞게 따라 쓰세요.

① 난로 근처는 위험해요.

② 코코는 반려동물 이자 가족이에요.

③ 내일 소방 훈련 이 있어요.

④ 물놀이 전에 준비 운동을 해야 한다.

⑤ 설날 에 우리는 예쁜 한복을 입어요.

⑥ 나는 새 실내화 를 가져왔어요.

 **익히기** 2

정답 p. 169

→ 루루의 받아쓰기 공책이에요. 틀린 것을 바르게 고쳐 쓰세요.

1. ①산실령이 갑자기 나타났어요.
2. 안전하게 ②물로리를 하자.
3. 호준이는 ③줄럼끼를 연습한다.
4. ④실래화로 갈아 신어요.

① 산실령
→ ☐☐☐

② 물로리
→ ☐☐☐

③ 줄럼끼
→ ☐☐☐

④ 실래화
→ ☐☐☐

3일 차 [ㅁ]으로 소리 나는 말

알아보기

> 앞 글자의 받침이 ㅂ/ㅍ이고 뒷글자의 첫소리가 ㄴ/ㅁ이면, 받침 ㅂ/ㅍ은 [ㅁ]으로 소리 나요.

받침ㅂ+ㄴ → **읽기** [받침ㅁ+ㄴ] **쓰기**

소꿉놀이   [소꿈노리]   소꿉놀이

받침ㅍ+ㅁ → **읽기** [받침ㅁ+ㅁ] **쓰기**

옆문   [염문]   옆문

16

따라 쓰기 낱말

➡ 낱말을 소리 내어 읽고, 맞춤법에 맞게 따라 쓰세요.

1. 겁먹다 [검먹따] 겁먹다
2. 십만 [심만] 십만
3. 입맛 [임맏] 입맛
4. 밀짚모자 [밀찜모자] 밀짚모자
5. 앞니 [암니] 앞니
6. 앞머리 [암머리] 앞머리

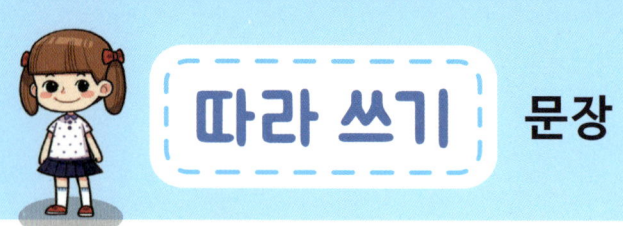

➡ 문장을 소리 내어 읽고, 맞춤법에 맞게 따라 쓰세요.

① 동생은 겁먹은 얼굴이었다.

② 십만 명이 광장에 모였어요.

③ 나는 입맛이 없어요.

④ 논에 밀짚모자를 쓴 허수아비가 서 있어요.

⑤ 동생의 앞니가 쏙 빠졌어요.

⑥ 나는 앞머리를 짧게 잘랐어요.

 **익히기** 3

정답 p. 169

➡ 내 친구는 누구일까요? 맞춤법에 맞지 않은 낱말을 바르게 고쳐 쓰고, 내 친구를 찾아 ○하세요.

① <u>암니</u>가 빠져 웃을 때 귀여워요.

모자 아래로 ② <u>암머리</u>가 보여요.

③ <u>밀찜모자</u>를 쓰고 있어요.

① 암니
➡ ☐☐

② 암머리
➡ ☐☐☐

③ 밀찜모자
➡ ☐☐☐☐

4일 차 [ㅇ]으로 소리 나는 말

알아보기

앞 글자의 받침이 ㄱ이고 뒷글자의 첫소리가 ㄴ/ㅁ이면, 받침 ㄱ은 [ㅇ]으로 소리 나요.

받침ㄱ+ㄴ → 읽기 [받침ㅇ+ㄴ]

속눈썹   [송ː눈썹]   쓰기 속눈썹

받침ㄱ+ㅁ → 읽기 [받침ㅇ+ㅁ]

국물   [궁물]   쓰기 국물

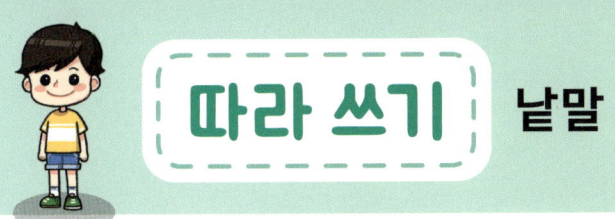 **따라 쓰기** 낱말

➡ 낱말을 소리 내어 읽고, 맞춤법에 맞게 따라 쓰세요.

① 막내 [망내] 막내

② 작년 [장년] 작년

③ 학년 [항년] 학년

④ 목마 [몽마] 목마

⑤ 박물관 [방물관] 박물관

⑥ 식물 [싱물] 식물

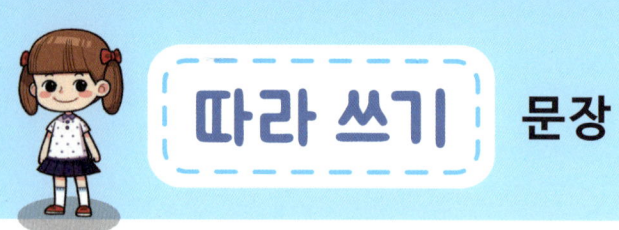

➡ 문장을 소리 내어 읽고, 맞춤법에 맞게 따라 쓰세요.

① 막내 가 울고 있어요.

② 나는 작년 에 태권도를 배웠어요.

③ 너는 올해 몇 학년 이니?

④ 이 목마 는 누구 거예요?

⑤ 우리 반은 박물관 으로 견학을 가요.

⑥ 생물은 동물과 식물 로 나뉜다.

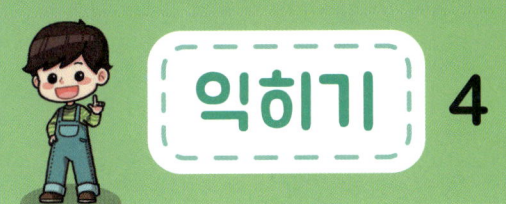

익히기 4

정답 p. 169

루루의 그림일기예요. 틀린 것을 바르게 고쳐 쓰세요.

2 월 10 일 토 요일	날씨 맑음

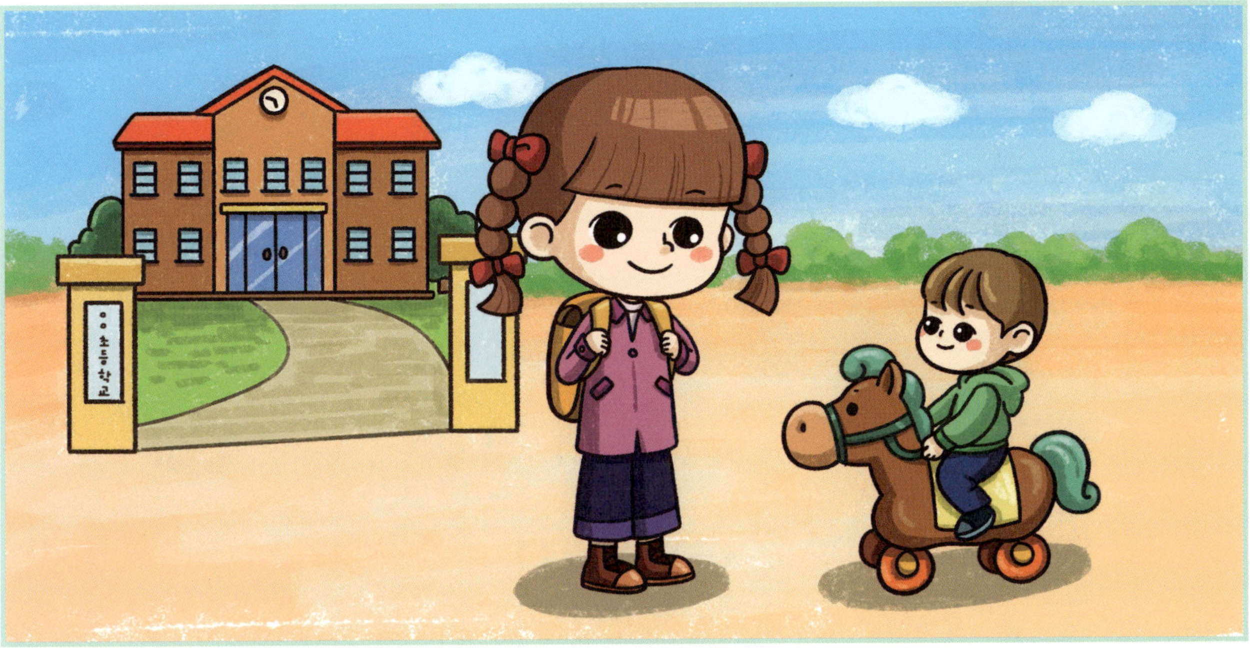

나는 ①장년에 유치원을 다녔다.

이제 초등학교 1②항년이 된다.

내가 타고 놀던 ③몽마는 이제 ④망내 차지가 되었다.

① 장년 → □□

② 항년 → □□

③ 몽마 → □□

④ 망내 → □□

5일 차 [ㅈ/ㅊ]으로 소리 나는 말

알아보기

🔍 앞 글자의 받침이 ㄷ/ㅌ이고 뒷글자의 첫소리가 '이'이면, 받침 ㄷ/ㅌ은 각각 [ㅈ/ㅊ]으로 소리 나요.

받침ㄷ+이	→	[받침ㅈ+ㅣ]	쓰기
해돋이		[해도지]	해돋이

받침ㅌ+이	→	[받침ㅊ+ㅣ]	쓰기
같이		[가치]	같이

따라 쓰기 낱말

➡ **낱말을 소리 내어 읽고, 맞춤법에 맞게 따라 쓰세요.**

① 등받이 [등바지] 등받이

② 맏이 [마지] 맏이

③ 굳이 [구지] 굳이

④ 낱낱이 [난:나치] 낱낱이

⑤ 붙이다 [부치다] 붙이다

⑥ 샅샅이 [삳싸치] 샅샅이

따라 쓰기 문장

➡ 문장을 소리 내어 읽고, 맞춤법에 맞게 따라 쓰세요.

①  할아버지는 등받이 에 기대고 계세요.

②  내가 우리 집 맏이 예요.

③ 아주머니, 굳이 나오지 않으셔도 돼요.

④ 모든 사실이 낱낱이 밝혀졌다.

⑤  우리는 색종이를 붙여서 꽃을 만들었다.

⑥ 나는 지갑을 찾으려고 집 안을 샅샅이 뒤졌어요.

익히기 5

정답 p. 169

→ 하하의 받아쓰기 공책이에요. 틀린 것을 바르게 고쳐 쓰세요.

1. 우리 가족은 ❶해도지를 보러 떠났다.
2. 친구와 ❷가치 공놀이를 해요.
3. 엄마, ❸구지 사 오지 마세요.
4. 나는 가방 안을 ❹삳싸치 뒤졌어요.

❶ 해도지

❷ 가치

❸ 구지

❹ 삳싸치

확인하기 1

정답 p. 169

1. 그림을 보고, 알맞은 낱말을 바르게 쓴 것에 ○하세요.

① 해도지   해돋이   해돛이

② 날로   난노   난로

2. 낱말의 소리를 보고, 알맞은 낱말을 쓰세요.

① [발ː려동물]
→ ☐☐☐☐

② [밀찜모자]
→ ☐☐☐☐

③ [정뉴장]
→ ☐☐☐

④ [송ː눈썹]
→ ☐☐☐

3. 그림을 보고, 알맞게 쓴 낱말을 찾아 연결하세요.

- 암니
- 앞니

- 실내화
- 실래화

- 몽마
- 목마

4. 맞춤법에 맞지 않은 낱말을 바르게 고쳐 쓰세요.

① 우리 집 망내 ➔ ☐☐

② 재미있는 물로리 ➔ ☐☐☐

③ 편안한 등바지 ➔ ☐☐☐

같거나 비슷한 소리가 나는 말

6일차 반드시/반듯이, 지그시/지긋이, 이따가/있다가

7일차 시키다/식히다, 다치다/닫치다/닫히다

8일차 때/떼, 모래/모레, 텃새/텃세

9일차 매다/메다, 배다/베다, 새다/세다

10일차 해어지다/헤어지다, 해치다/헤치다/해치우다

6일 차 반드시/반듯이, 지그시/지긋이, 이따가/있다가

🪄 소리가 같거나 비슷하지만, 뜻이 다른 낱말이에요.

반드시

읽기 [반드시]

쓰기 반드시

* 틀림없이, 꼭.

반듯이

읽기 [반드시]

쓰기 반듯이

* 비뚤어지거나 굽거나 흐트러지지 않고 바르게.

지그시

* 슬며시 힘을 주는 모양.

읽기 [지그시]

쓰기 지그시

지긋이

* 참을성 있고 끈기 있게.

읽기 [지그시]

쓰기 지긋이

이따가

* 조금 뒤에.

읽기 [이따가]

쓰기 이따가

있다가

* 사람이나 동물이 어느 곳에서 떠나거나 벗어나지 않고 머물다가.

읽기 [읻따가]

쓰기 있다가

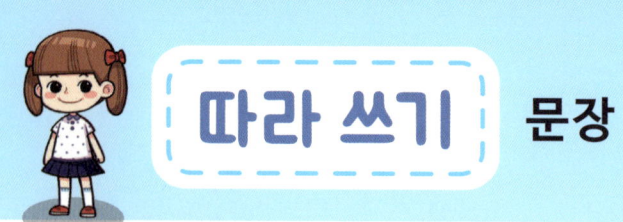 **따라 쓰기** 문장

➡ **문장을 소리 내어 읽고, 맞춤법에 맞게 따라 쓰세요.**

① 다 읽은 책은 반드시 제자리에 꽂습니다.

② 책상을 반듯이 정리하세요.

③ 나는 눈을 지그시 감았다.

④ 형은 지긋이 공부하고 있었다.

⑤ 엄마, 이따가 먹을게요.

⑥ 나는 친구 집에 있다가 왔어요.

 **익히기 6**

정답 p. 170

→ 하하가 방에 붙인 메모예요. 틀린 것을 바르게 고쳐 쓰세요.

① 이따가

→ ☐☐☐

② 반듯이

→ ☐☐☐

③ 지긋이

→ ☐☐☐

7일 차 시키다/식히다, 다치다/닫치다/닫히다

알아보기

🔍 **소리가 같거나 비슷하지만, 뜻이 다른 낱말이에요.**

	읽기	쓰기
시키다	[시키다]	시키다

* 어떤 일이나 행동을 하게 하다.

	읽기	쓰기
식히다	[시키다]	식히다

* 더운 기운을 없애다.

36

다치다

읽기 [다치다]

쓰기 다치다

* 부딪치거나 맞거나 하여 몸이나 몸의 일부에 상처가 생기다.

닫치다

읽기 [닫치다]

쓰기 닫치다

* 열려 있는 문, 뚜껑, 서랍 등을 힘을 주어 세게 닫다.

닫히다

읽기 [다치다]

쓰기 닫히다

* 열린 문, 뚜껑, 서랍 등이 다시 제자리로 가게 되다.

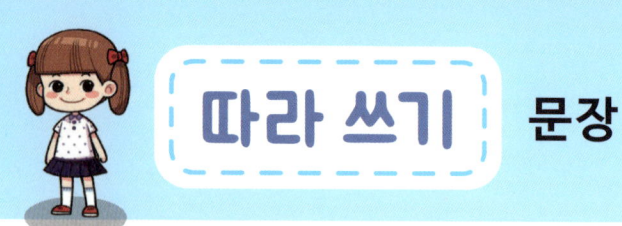 따라 쓰기   문장

➡ 문장을 소리 내어 읽고, 맞춤법에 맞게 따라 쓰세요.

① 엄마가 심부름을 시켰는데, 어떡하지?

②  동생은 보리차가 뜨거워서 호호 불며 식혀요.

③  나는 오른손을 다쳐서 불편하다.

④ 하하가 문을 닫고 나가버렸다.

⑤ 뚜껑이 세게 닫혀서 열 수 없어요.

38

 7

➡ 하하네 가족 대화예요. 틀린 것을 바르게 고쳐 쓰세요.

① 시켜 ➡ ☐☐   ② 다쳤어요 ➡ ☐☐☐☐

③ 닫칠 ➡ ☐☐

8일 차 : 때/떼, 모래/모레, 텃새/텃세

알아보기

🪄 모음 'ㅐ'와 'ㅔ'는 소리가 비슷하지만, 뜻이 다른 낱말이에요.

때   읽기 [때]   쓰기 때

* 옷이나 몸에 묻은 더러운 먼지나 피부의 죽은 세포와 먼지가 섞여서 생긴 것.

떼   읽기 [떼]   쓰기 떼

* 사람이나 동물이 한데 많이 모여 있는 것.

모래

* 자연의 힘으로 잘게 부스러진 돌의 알갱이.

읽기 [모래]

쓰기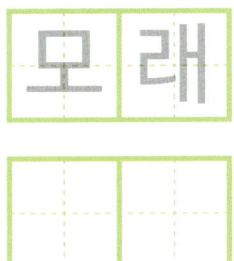

모레

* 내일의 다음 날.

읽기 [모ː레]

쓰기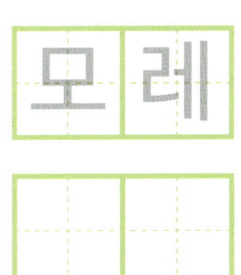

텃새

* 계절에 따라 옮기지 않고 거의 한 지방에서만 사는 새.

읽기 [터쌔/턷쌔]

쓰기

텃세

* 먼저 자리를 잡은 사람이 뒤에 들어오는 사람에게 세력을 행사하는 일.

읽기 [터쎄/턷쎄]

쓰기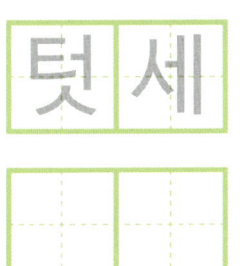

따라 쓰기 문장

→ 문장을 소리 내어 읽고, 맞춤법에 맞게 따라 쓰세요.

❶ 때 빼고 광내다

❷ 할아버지는 특별한 양 떼 를 갖게 되었다.

❸ 모래 밭에는 사람들이 가득하였다.

❹ 할머니가 내일 오신대? 모레 오신대?

❺ 우리나라 텃새 는 참새, 까치, 꿩 등이 있다.

❻ 전학 온 친구에게 텃세 를 부리지 마세요.

익히기 8

정답 p. 170

→ 하하의 그림일기예요. 틀린 것을 바르게 고쳐 쓰세요.

| 8월 3일 일요일 | 날씨 맑음 |

루루네 가족과 바닷가에 갔다.

바닷가에 모여든 갈매기들은 ❶텃세일까?

루루와 ❷모레성을 만들고 있었는데, 저 멀리서

고래 ❸때가 지나가는 것이 보였다.

고래 가족도 놀러 왔나 보다.

❶ 텃세 → ☐☐

❷ 모레성 → ☐☐☐

❸ 때 → ☐

9일 차 매다/메다, 배다/베다, 새다/세다

🪄 모음 'ㅐ'와 'ㅔ'는 소리가 비슷하지만, 뜻이 다른 낱말이에요.

| 매다 | 읽기 [매ː다] | 쓰기 매다 |

* 따로 떨어지거나 풀어지지 않도록 끈이나 줄의 두 끝을 서로 묶다.

| 메다 | 읽기 [메ː다] | 쓰기 메다 |

* 물건을 어깨나 등에 올려놓다.

배다

* 스며들거나 스며 나오다.

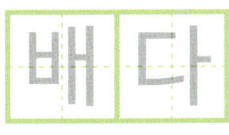 [배ː다]

베다

* 누울 때 어떤 물건이나 몸의 일부분을 머리 아래에 두다.

 [베ː다]

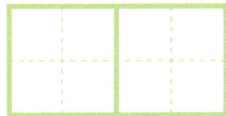

새다

* 틈이나 구멍으로 기체나 액체가 빠져나가다.

 [새다]

세다

* 수를 헤아리다.

 [세ː다]

 따라 쓰기 문장

→ 문장을 소리 내어 읽고, 맞춤법에 맞게 따라 쓰세요.

① 나는 신발끈을 매고 일어섰다.

②  삼촌은 등에 가방을 메고 나가셨다.

③ 향이 은은하게 배어 훨씬 맛있거든.

④ 동생은 엄마 무릎을 베고 누웠어요.

⑤ 물통에서 물이 새고 있어요.

⑥ 상자 안의 사탕을 세어 봤어요.

 9

정답 p. 170

→ 루루의 받아쓰기 공책이에요. 틀린 것을 바르게 고쳐 쓰세요.

1. 손으로 ①새어 보니 다섯 개였다.
2. 옷에 냄새가 다 ②베었어.
3. 나무꾼이 지게를 ③매고 산에 올랐다.
4. 항아리에 금이 가서 물이 줄줄 ④세고 말았다.
5. 동생은 내 팔을 ⑤배고 잠이 들었다.
6. 아저씨는 상자 끈을 꼭 ⑥메고 들었다.

① 새어 →

② 베었어 →

③ 매고 →

④ 세고 →

⑤ 배고 →

⑥ 메고 →

47

10일 차 해어지다/헤어지다, 해치다/헤치다/해치우다

알아보기

모음 'ㅐ'와 'ㅔ'는 소리가 비슷하지만, 뜻이 다른 낱말이에요.

해어지다 [해어지다] 해어지다

* 닳아서 구멍이 나거나 찢어지다.

헤어지다 [헤어지다] 헤어지다

* 같이 있던 사람과 떨어지다.

해치다

읽기 [해ː치다]

쓰기 해치다

* 어떤 상태에 손상을 입혀 망가지게 하다.

헤치다

읽기 [헤치다]

쓰기 헤치다

* 속에 든 것이 겉으로 드러나도록 덮인 부분을 파거나 젖히다.

해치우다

읽기 [해ː치우다]

쓰기 해치우다

* 어떤 일을 빠르고 시원스럽게 끝내다.

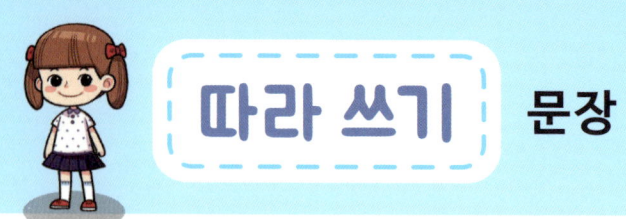 **따라 쓰기** 문장

➡ 문장을 소리 내어 읽고, 맞춤법에 맞게 따라 쓰세요.

❶ 옷이 낡아서 다 해어졌어요.

❷ 이제 헤어질 시간이 되었어요.

❸ 해치지 않으니 겁내지 마!

❹ 강아지가 땅을 헤치고 있어요.

❺ 나는 숙제를 대충 해치우고 놀이터에 갔다.

익히기 10

정답 p. 170

➡ 하하의 받아쓰기 공책이에요. 틀린 것을 바르게 고쳐 쓰세요.

1. 멧돼지가 동네에 내려와 가축을 ①헤친 모양이야.
2. 그의 신발은 다 낡아 ②헤어졌다.
3. 포장을 ③해쳐 보니 인형이었다.
4. 주인과 ④해어진 백구는 혼자 집으로 돌아왔다.
5. 나는 배고파서 밥 한 그릇을 뚝딱 ⑤헤치웠다.

① 헤친 ➡ ☐☐

② 헤어졌다 ➡ ☐☐☐☐

③ 해쳐 ➡ ☐☐

④ 해어진 ➡ ☐☐☐

⑤ 헤치웠다 ➡ ☐☐☐☐

1. 그림을 보고, 알맞게 쓴 낱말을 찾아 연결하세요.

- 배다
- 베다

- 시키다
- 식히다

- 해치다
- 헤치다

2. 바른 낱말에 ○하세요.

① 엄마, (이따가 / 있다가) 먹을게요.

② 할머니가 (모래 / 모레) 오신대요?

③ 나는 오른손을 (다쳐서 / 닫쳐서 / 닫혀서) 불편하다.

같거나 비슷한 소리가 나는 말 6~10일 차

정답 p. 171

3. 빈칸에 알맞은 낱말을 보기 에서 골라 쓰세요.

보기   때 / 떼   매고 / 메고   반드시 / 반듯이

① 빨간불에는 ☐☐☐ 멈춰야 해요.

② 나는 가방을 ☐☐ 나갔다.

③ 나무 위에 비둘기 ☐☐ 가 모여 앉았다.

4. 맞춤법에 맞지 않은 낱말을 바르게 고쳐 쓰세요.

① <u>떼</u> 빼고 광내다 → ☐

② <u>모레</u> 위에 쌓은 성 → ☐☐

③ 참외밭에서 신발 끈을 고쳐 <u>메지</u> 말라 → ☐☐

다른 받침이 같은 소리로 나는 말

11일 차   낫다/낮다, 낫/낮/낯

12일 차   빗다/빛다, 빗/빚/빛

13일 차   맞다/맡다, 갔다/갖다/같다

14일 차   젓다/젖다, 짓다/짖다/짙다

15일 차   덥다/덮다, 업다/없다/엎다

11일 차 낫다/낮다, 낫/낮/낯

알아보기

🔍 받침 ㅅ/ㅈ/ㅊ은 소리가 [ㄷ]으로 같지만, 뜻이 다른 낱말입니다.

받침ㅅ	읽기 [받침ㄷ]	쓰기
낫다	[낟ː따]	낫다

* 병이나 상처 등이 없어져 본래대로 되다.
* 어떤 것이 다른 것보다 더 좋다.

받침ㅈ	읽기 [받침ㄷ]	쓰기
낮다	[낟따]	낮다

* 아래에서 위까지의 길이가 짧다.

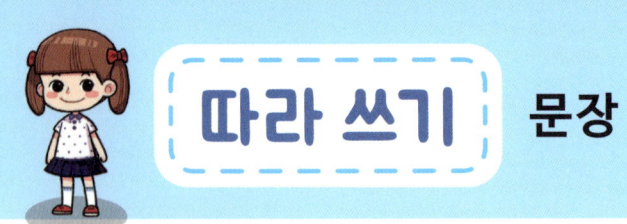

따라 쓰기 문장

➡ 문장을 소리 내어 읽고, 맞춤법에 맞게 따라 쓰세요.

① 할머니, 감기 다 나으셨어요?

② 저 앞에 있는 건물은 낮아요.

③ 할아버지는 낫으로 잡초를 베었다.

④ 여름에는 낮이 길어요.

⑤ 나는 낯을 많이 가려요.

익히기 11

정답 p. 171

→ 하하가 속담 공부를 했어요.
  보기 에서 맞는 글자를 찾아 빈칸에 쓰세요.

보기   낫   낮   낯

1. 하늘이 [ ] 다고 펄펄 뛰다

2. 벼룩도 [ ] 짝이 있다

3. [ ] 놓고 기역 자도 모른다

4. [ ] 말은 새가 듣고 밤말은 쥐가 듣는다

5. 백지장도 맞들면 [ ] 다

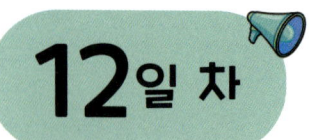

빗다/빚다, 빗/빛/빚

✏️ 받침 ㅅ/ㅈ/ㅊ은 소리가 [ㄷ]으로 같지만, 뜻이 다른 낱말입니다.

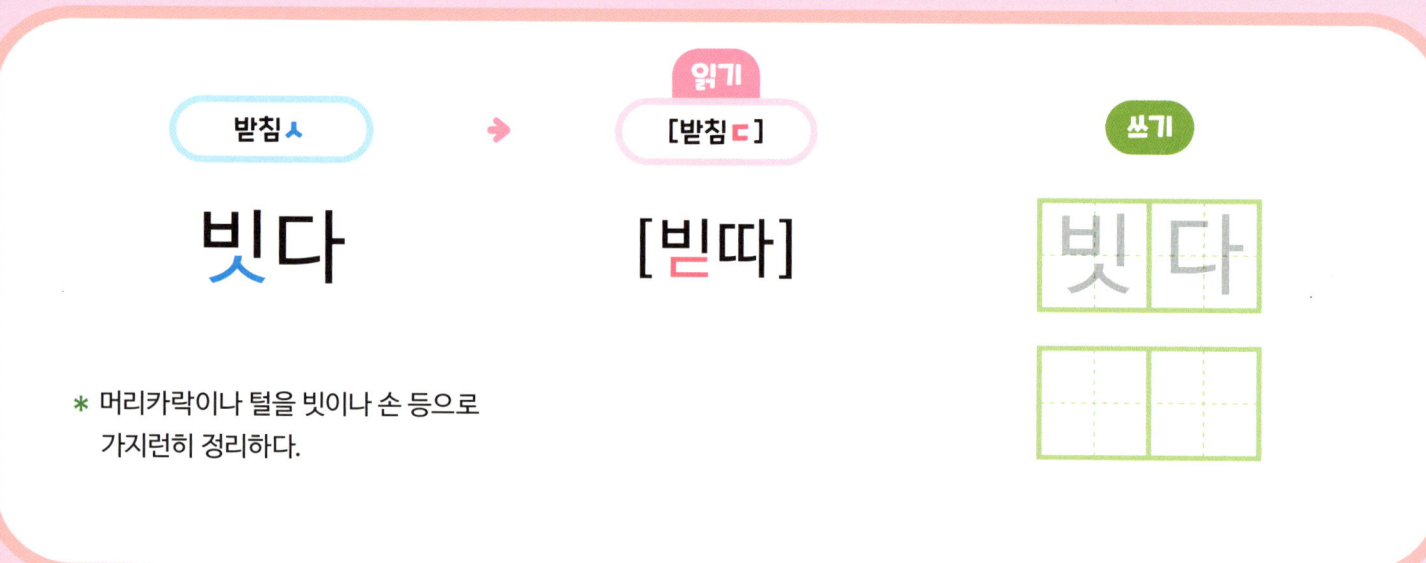

| 받침 ㅅ | 읽기 [받침 ㄷ] | 쓰기 |

빗다 → [빋따]

* 머리카락이나 털을 빗이나 손 등으로 가지런히 정리하다.

| 받침 ㅈ | 읽기 [받침 ㄷ] | 쓰기 |

빚다 → [빋따]

* 곡물 가루를 반죽하여 음식을 만들다.

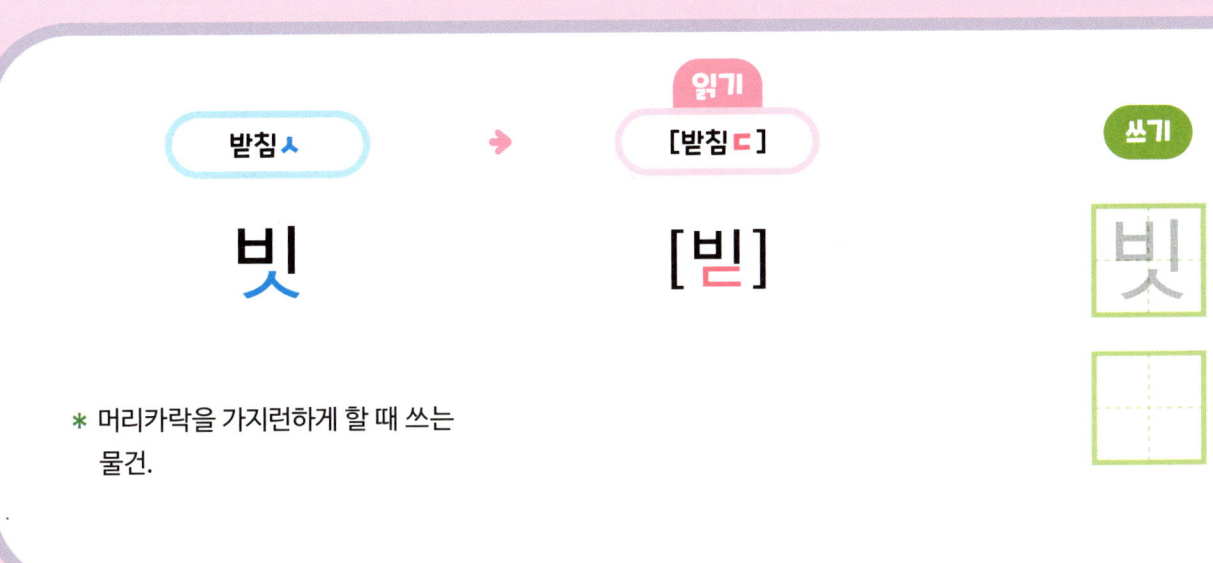

받침 ㅅ → 읽기 [받침 ㄷ]

빗   [빋]   쓰기 빗

* 머리카락을 가지런하게 할 때 쓰는 물건.

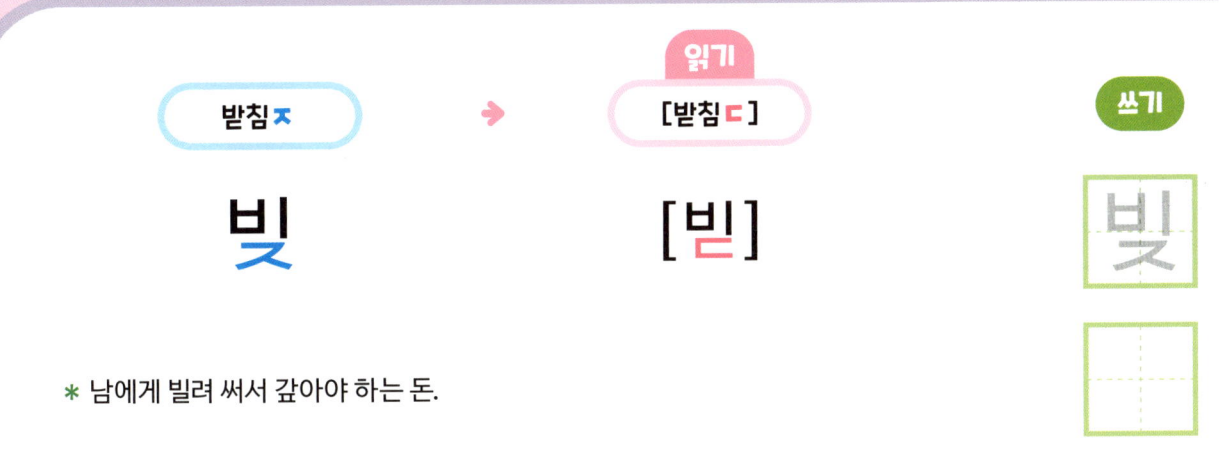

받침 ㅈ → 읽기 [받침 ㄷ]

빚   [빋]   쓰기 빚

* 남에게 빌려 써서 갚아야 하는 돈.

받침 ㅊ → 읽기 [받침 ㄷ]

빛   [빋]   쓰기 빛

* 해, 달, 전등, 불 등에서 나와 사물을 밝게 비추는 것.
* 물체가 나타내는 색깔.

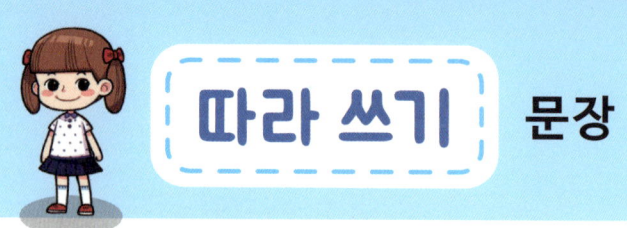 **따라 쓰기** 문장

→ 문장을 소리 내어 읽고, 맞춤법에 맞게 따라 쓰세요.

①  나는 머리를 단정하게 빗었어요.

② 온 가족이 모여 송편을 빚어요.

③  내 빗 이 어디에 있어요?

④ 농부는 열심히 일을 해서 빚 을 다 갚았다.

⑤  커튼 틈으로 환한 빛 이 들어왔다.

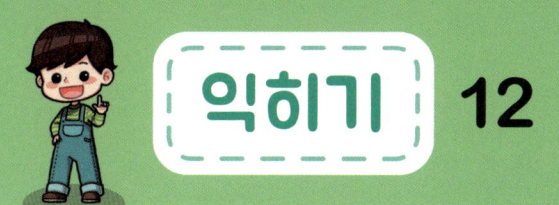

➡ 루루의 받아쓰기 공책이에요. 틀린 것을 바르게 고쳐 쓰세요.

1. 말 한 마디로 천 냥 ①비즐 갚는다
2. ②비치 들어오지 않게 하세요.
3. 내가 ③비즌 송편이 제일 예쁘지?
4. 강아지 털이 엉켜서 힘들게 ④비섰다.

① 비즐
➡ ☐☐

② 비치
➡ ☐☐

③ 비즌
➡ ☐☐

④ 비섰다
➡ ☐☐☐

13일 차 맞다/맡다, 갔다/갖다/같다

🔍 받침 ㅈ/ㅌ과 쌍받침 ㅆ은 소리가 [ㄷ]으로 같지만, 뜻이 다른 낱말입니다.

받침ㅈ → 읽기 **[받침ㄷ]** 쓰기

맞다 [맏따] 맞다

* 문제에 대한 답이 틀리지 않다.

받침ㅌ → 읽기 **[받침ㄷ]** 쓰기

맡다 [맏따] 맡다

* 코로 냄새를 느끼다.

| 쌍받침ㅆ | → | 읽기 [받침ㄷ] | 쓰기 |

갔다 [갇따]

* 한 곳에서 다른 곳으로 장소를 이동했다.

| 받침ㅈ | → | 읽기 [받침ㄷ] | 쓰기 |

갖다 [갇따]

* 무엇을 손에 쥐거나 몸에 지니다.

| 받침ㅌ | → | 읽기 [받침ㄷ] | 쓰기 |

같다 [갇따]

* 서로 다르지 않다.

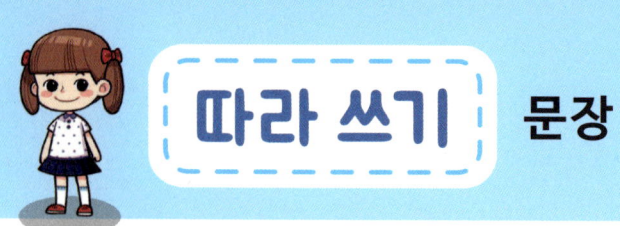 **따라 쓰기** 문장

➡ **문장을 소리 내어 읽고, 맞춤법에 맞게 따라 쓰세요.**

①  누구의 답이 맞을까 ?

②  개는 냄새를 잘 맡는다 .

③ 나는 친구를 만나러 갔다가 허탕을 쳤다.

④ 내가 가방을 갖고 갈게.

⑤  우리는 생일이 같아요 .

 익히기 13

정답 p. 171

→ 하하의 그림일기예요. 틀린 것을 바르게 고쳐 쓰세요.

6월 26일 목요일 　　　　날씨 흐림

놀이터에서 내 신발이 없어졌다.

다른 친구가 내 것이랑 ①갖은 신발이어서 잘못 신고 ②갓다. 그 친구는 처음에 자기 것이 ③맡다고 했지만, 나중에 내 신발을 돌려 주었다.

① 갖은　→ ☐☐　　② 갓다　→ ☐☐　　③ 맡다　→ ☐☐

14일 차 젓다/젖다, 짓다/짖다/짚다

알아보기

🔍 받침 ㅅ/ㅈ/ㅌ은 소리가 [ㄷ]으로 같지만, 뜻이 다른 낱말입니다.

받침 ㅅ	읽기 [받침 ㄷ]	쓰기
젓다	[젇ː따]	젓다

* 액체나 가루 등이 고르게 퍼지거나 섞이도록 손이나 기구 등으로 이리저리 돌리다.

받침 ㅈ	읽기 [받침 ㄷ]	쓰기
젖다	[젇따]	젖다

* 액체가 스며들어 축축해지다.

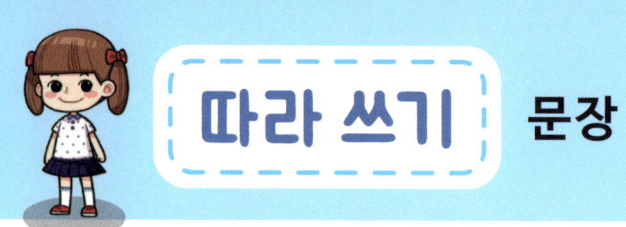 **따라 쓰기** 문장

➡ 문장을 소리 내어 읽고, 맞춤법에 맞게 따라 쓰세요.

①  가루가 녹을 때까지 잘 저어라.

②  가랑비에 옷  줄 모른다

③ 화난 표정은 짓지 않는 게 좋아요.

④  큰 개가 사납게 .

⑤ 나는  색이 안 어울려요.

 **익히기** 14

정답 p. 171

➡ 하하의 받아쓰기 공책이에요. 틀린 것을 바르게 고쳐 쓰세요.

1. ❶지튼 색이 안 어울려요.
2. 큰 개가 사납게 ❷지졌다.
3. 가랑비에 옷 ❸전는 줄 모른다
4. 화난 표정은 ❹짇찌 않는 게 좋아요.

❶ 지튼
➡ ☐☐

❷ 지졌다
➡ ☐☐☐

❸ 전는
➡ ☐☐

❹ 짇찌
➡ ☐☐

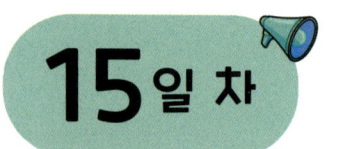

덥다/덮다, 업다/없다/엎다

🔎 받침 ㅂ/ㅍ과 겹받침 ㅄ은 소리가 [ㅂ]으로 같지만, 뜻이 다른 낱말입니다.

받침 ㅂ → **읽기 [받침 ㅂ]** · **쓰기**

덥다 [덥ː따] 덥다

* 몸으로 느끼기에 기온이 높다.

받침 ㅍ → **읽기 [받침 ㅂ]** · **쓰기**

덮다 [덥따] 덮다

* 무엇이 드러나거나 보이지 않도록 다른 것을 얹어서 씌우다.

받침 ㅂ → 읽기 [받침 ㅂ] 쓰기

업다 [업따]

업 다

* 주로 사람을 등에 대고 손으로 붙잡거나 무엇으로 붙들어 매어 떨어지지 않도록 하다.

겹받침 ㅄ → 읽기 [받침 ㅂ] 쓰기

없다 [업ː따]

없 다

* 사람이나 사물 등이 실제로 존재하지 않는 상태이다.

받침 ㅍ → 읽기 [받침 ㅂ] 쓰기

엎다 [업따]

엎 다

* 윗면과 밑면이 거꾸로 되게 뒤집어 놓다.

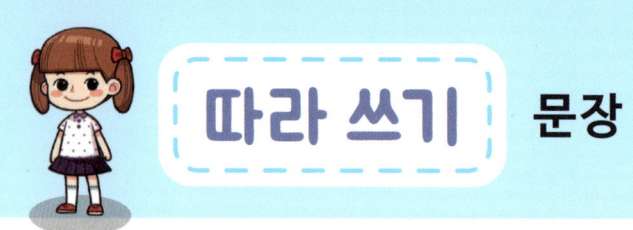 따라 쓰기 문장

➡ 문장을 소리 내어 읽고, 맞춤법에 맞게 따라 쓰세요.

①  요즘 날씨가 무척 더워요.

② 나는 어젯밤에 이불을 꼭 덮고 잤다.

③  엄마는 아기를 등에 업었다.

④ 발 없는 말이 천 리 간다

⑤  컵을 엎어 놓아라.

 15

정답 p. 172

➡ 받침이 잘못 들어갔어요. 맞는 받침으로 고쳐 쓰세요.

① 없다

➡ ☐☐

② 덮다

➡ ☐☐

③ 덥다

➡ ☐☐

④ 엎다

➡ ☐☐

확인하기 3

1. 그림을 보고, 알맞은 낱말을 바르게 쓴 것에 ○하세요.

① 낫 낯 낮

② 빗 빚 빛

2. 바른 낱말에 ○하세요.

① 나는 친구를 만나러 (갔다 / 갖다 / 같다).

② 뚜껑을 잘 (덥어라 / 덮어라 / 더퍼라).

③ 이 의자가 더 (나자요 / 낫아요 / 낮아요).

④ 개 (짓는 / 짖는 / 짙는) 소리가 시끄러워요.

다른 받침이 같은 소리로 나는 말 11~15일 차

정답 p. 172

3. 빈칸에 알맞은 낱말을 [보기]에서 골라 쓰세요.

[보기] 맞는다/맡는다   업었다/없었다/엎었다   저으세요/저즈세요

① 개는 냄새를 잘 ☐☐☐ .

② 약이 물에 잘 녹을 때까지 ☐☐☐☐ .

③ 엄마는 아기를 등에 ☐☐☐ .

4. 맞춤법에 맞지 않은 낱말을 바르게 고쳐 쓰세요.

쌍받침&겹받침이 들어 있는 말

- **16일차** 넋/몫, 깎다/볶다/섞다
- **17일차** 끊다/많다, 끓다/닿다/싫다
- **18일차** 앉다/얹다, 값싸다/가엾다/없애다
- **19일차** 닮다/젊다, 낡다/밝다/읽다
- **20일차** 핥다/훑다, 밟다/얇다/짧다

16일 차 넋/몫, 깎다/볶다/섞다

알아보기

🔍 **겹받침 ㄳ과 쌍받침 ㄲ은 [ㄱ]으로 소리 납니다.
뒷글자의 첫소리가 모음으로 시작하면, 뒷글자로 소리가 옮겨 납니다.**

[예] 넋이[넉씨], 깎아[까까]

| 겹받침ㄳ | → | 읽기 [받침ㄱ] | 쓰기 |

넋 → [넉]

* 사람의 몸 안에서 몸과 정신을 다스리며, 몸이 죽어도 영원히 남아 있다는 보이지 않는 존재.
* 정신이나 마음.

| 겹받침ㄳ | → | 읽기 [받침ㄱ] | 쓰기 |

몫 → [목]

* 무엇을 여럿이 나누어 가질 때 각 사람이 가지게 되는 부분.
* 어떤 수를 다른 수로 나누어 얻은 수.

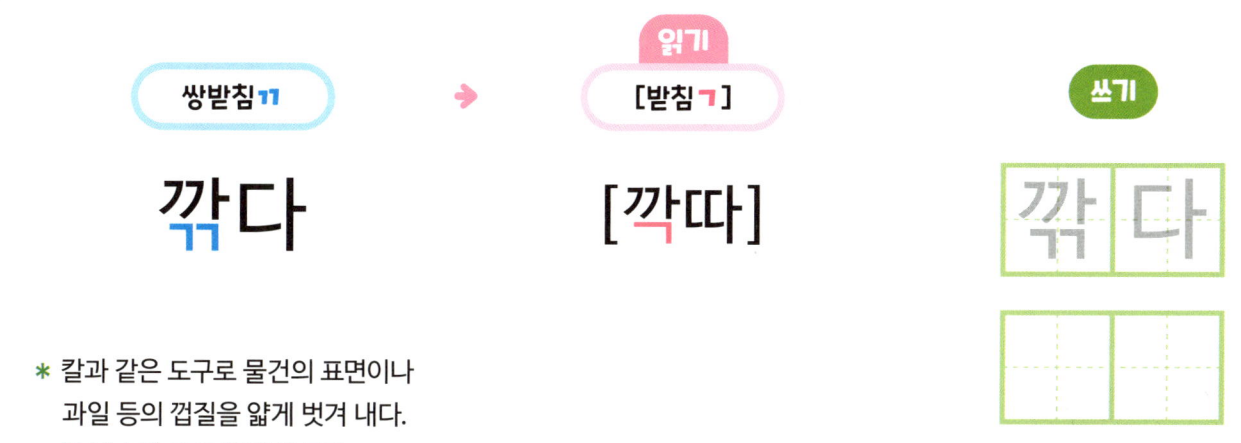

쌍받침 ㄲ → [받침 ㄱ] 읽기　쓰기

깎다　[깍따]

* 칼과 같은 도구로 물건의 표면이나 과일 등의 껍질을 얇게 벗겨 내다.
* 풀이나 털 등을 짧게 자르다.

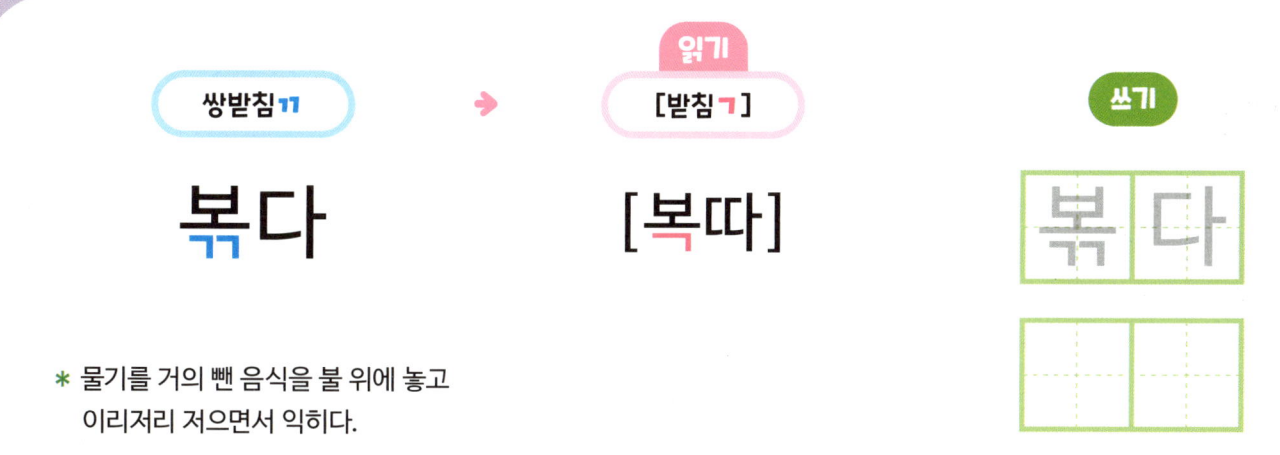

쌍받침 ㄲ → [받침 ㄱ] 읽기　쓰기

볶다　[복따]

* 물기를 거의 뺀 음식을 불 위에 놓고 이리저리 저으면서 익히다.

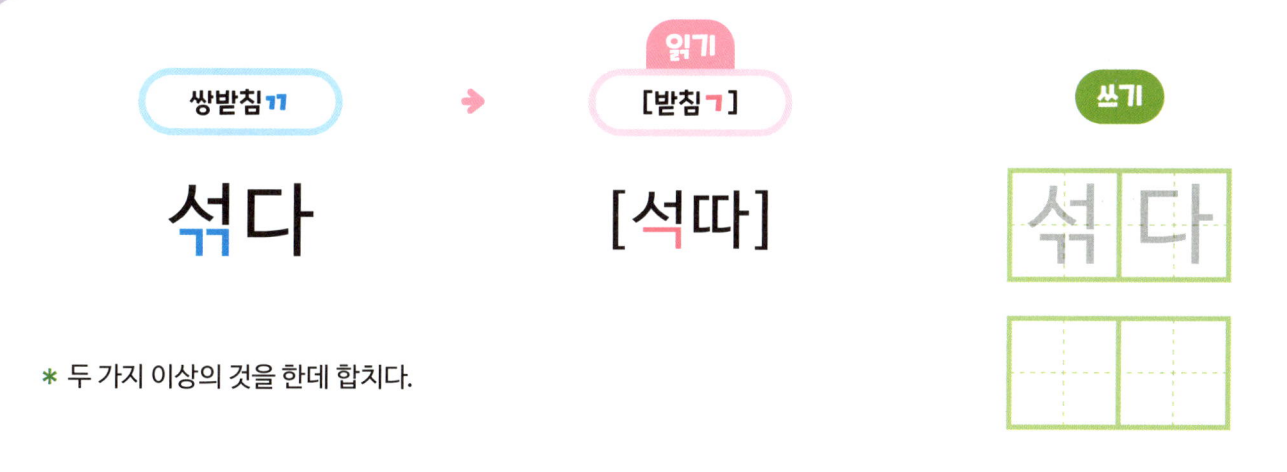

쌍받침 ㄲ → [받침 ㄱ] 읽기　쓰기

섞다　[석따]

* 두 가지 이상의 것을 한데 합치다.

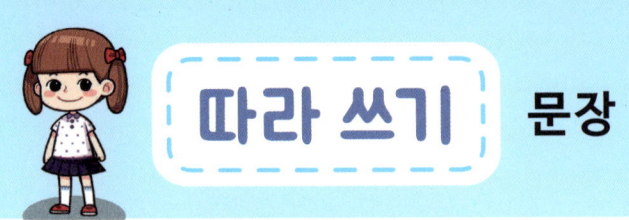

따라 쓰기   문장

→ 문장을 소리 내어 읽고, 맞춤법에 맞게 따라 쓰세요.

① 사람들은 희생자의 넋 을 기리기 위해 모였다.

②  이것은 네 몫 이야.

③  엄마가 사과를 깎아 주셨다.

④ 우리는 고기를 볶아서 먹었다.

⑤ 재료를 다 섞어 주세요.

익히기 16

→ 루루의 그림일기예요. 틀린 것을 바르게 고쳐 쓰세요.

| 11월 28일 목요일 | 날씨 비 |

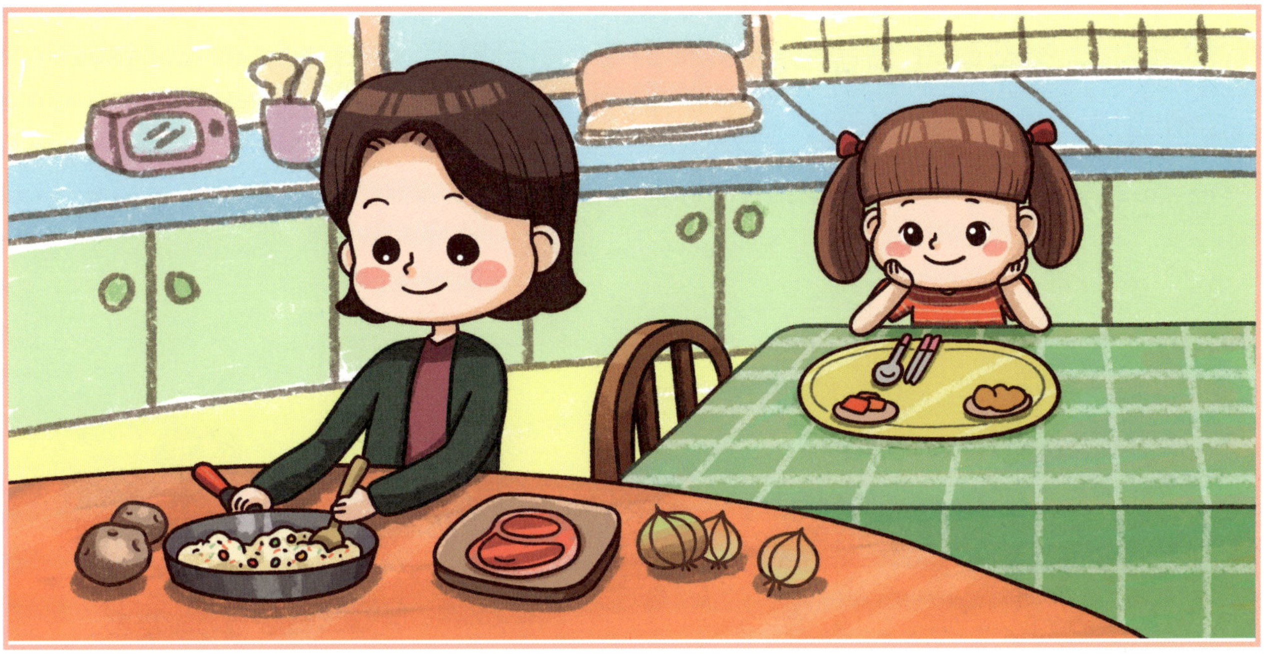

엄마는 감자를 ①깍꼬, 양파를 썰고, 고기와 ②서꺼서 밥을 ③보까 맛있는 ④보끔밥을 만들어 주셨다.

엄마, 고마워요! 맛있게 잘 먹었어요!

① 깍꼬 → ☐☐   ② 서꺼서 → ☐☐☐

③ 보까 → ☐☐   ④ 보끔밥 → ☐☐☐

17일 차: 끊다/많다, 끓다/닿다/싫다

알아보기

✏️ 겹받침 ㄶ/ㅀ은 [ㅎ] 소리가 없어지고 각각 [ㄴ/ㄹ]만 소리 납니다.
뒷글자의 첫소리가 모음으로 시작하면, 뒷글자로 소리가 옮겨 납니다.
[예] 끊어[끄너], 닳아[다라]

단, 뒷글자의 첫소리가 ㄱ/ㄷ/ㅅ/ㅈ으로 시작하면, 각각 [ㅋ/ㅌ/ㅆ/ㅊ] 소리로 바뀝니다.
[예] 끊고[끈코]

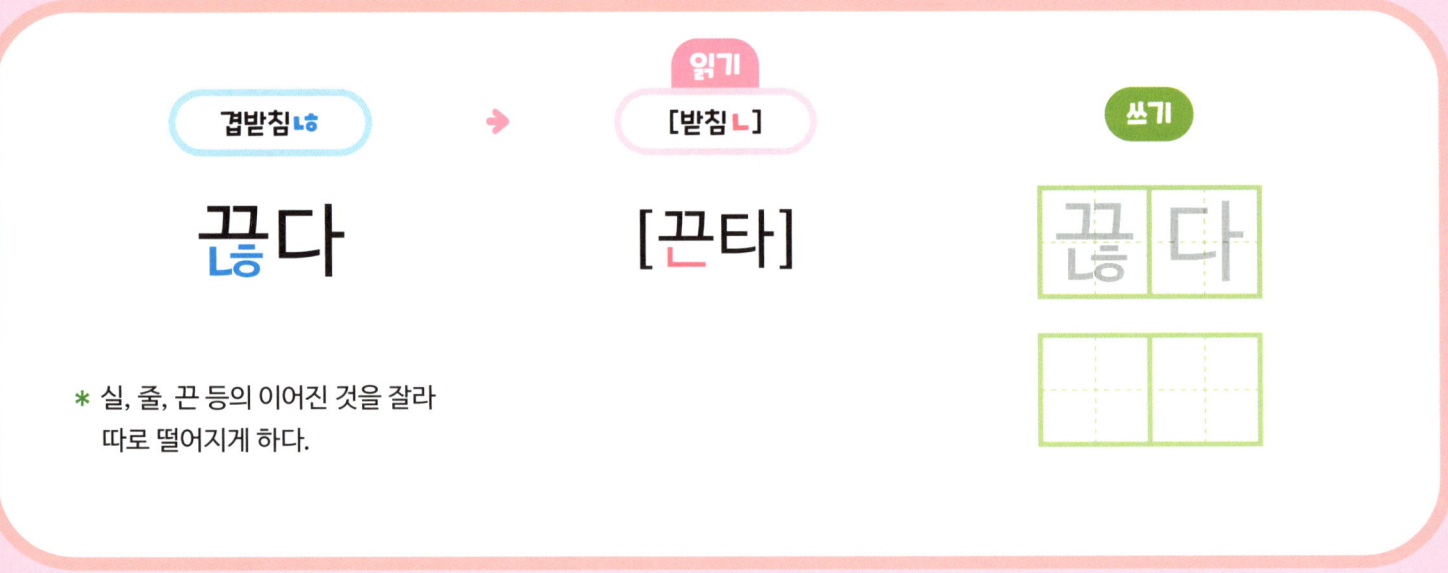

끊다 [겹받침 ㄶ] → [받침 ㄴ] [끈타]

* 실, 줄, 끈 등의 이어진 것을 잘라 따로 떨어지게 하다.

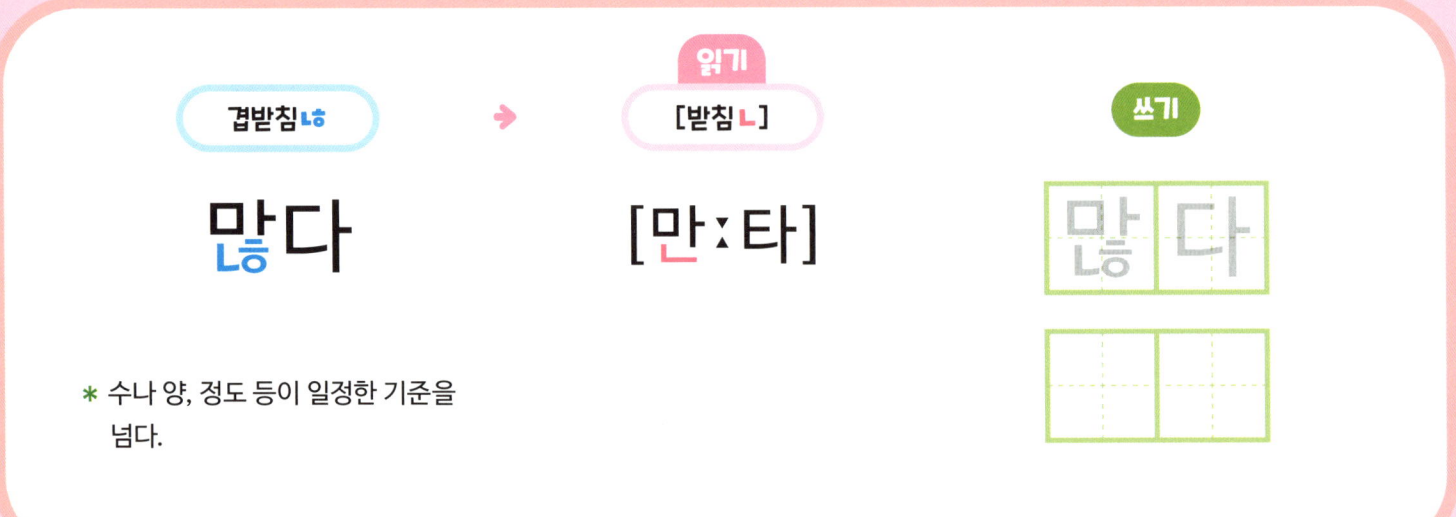

많다 [겹받침 ㄶ] → [받침 ㄴ] [만ː타]

* 수나 양, 정도 등이 일정한 기준을 넘다.

겹받침ㅀ → 읽기 [받침ㄹ] 쓰기

끓다 [끌타]

끓 다

* 액체가 몹시 뜨거워져서 거품이 솟아오르다.

겹받침ㅀ → 읽기 [받침ㄹ] 쓰기

닳다 [달타]

닳 다

* 오래 쓰거나 갈려서 어떤 물건이 낡거나 길이, 두께, 크기 등이 줄다.

겹받침ㅀ → 읽기 [받침ㄹ] 쓰기

싫다 [실타]

싫 다

* 마음에 들지 않다.
* 어떤 일을 하고 싶지 않다.

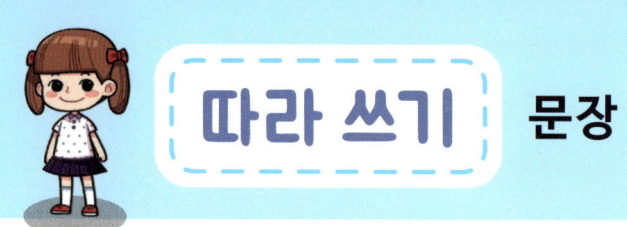 따라 쓰기 문장

➡ 문장을 소리 내어 읽고, 맞춤법에 맞게 따라 쓰세요.

① 누가 이 줄을 끊었니?

② 해수욕장에는 사람이 정말 많았다.

③ 물이 보글보글 끓기 시작했어요.

④ 내 지우개는 많이 닳았어요.

⑤ 나는 겨울을 싫어해요.

익히기 17

정답 p. 172

→ 그림을 보고, 어울리는 낱말을 보기 에서 찾아 빈칸에 쓰세요.

| 보기 | 많다 | 끓다 | 끊다 | 닿다 |

1. ☐☐

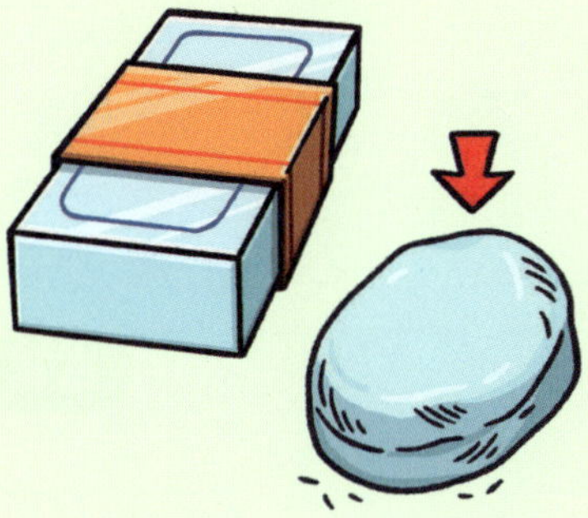

2. ☐☐

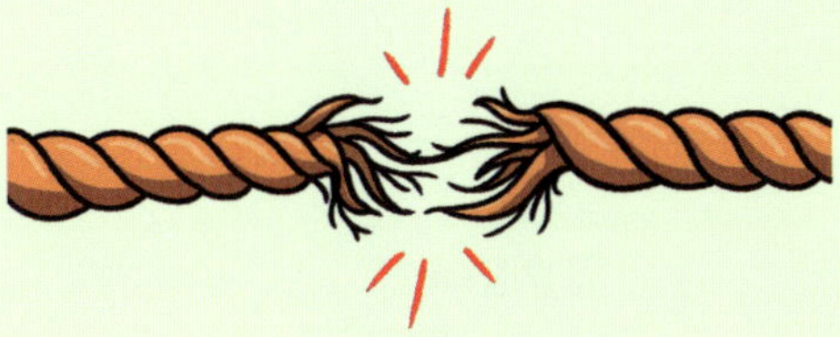

3. ☐☐

4. ☐☐

18일 차 앉다/얹다, 값싸다/가엾다/없애다

알아보기

🔍 겹받침 ㄵ은 [ㄴ]으로, ㅄ은 [ㅂ]으로 소리 납니다.
뒷글자의 첫소리가 모음으로 시작하면, 뒷글자로 소리가 옮겨 납니다.
[예] 앉으니[안즈니], 가엾은[가:엽쓴]

단, ㄵ은 뒷글자의 첫소리가 ㅎ으로 시작하는 말이면, 소리가 [ㅊ]으로 바뀝니다.
[예] 앉혀[안처]

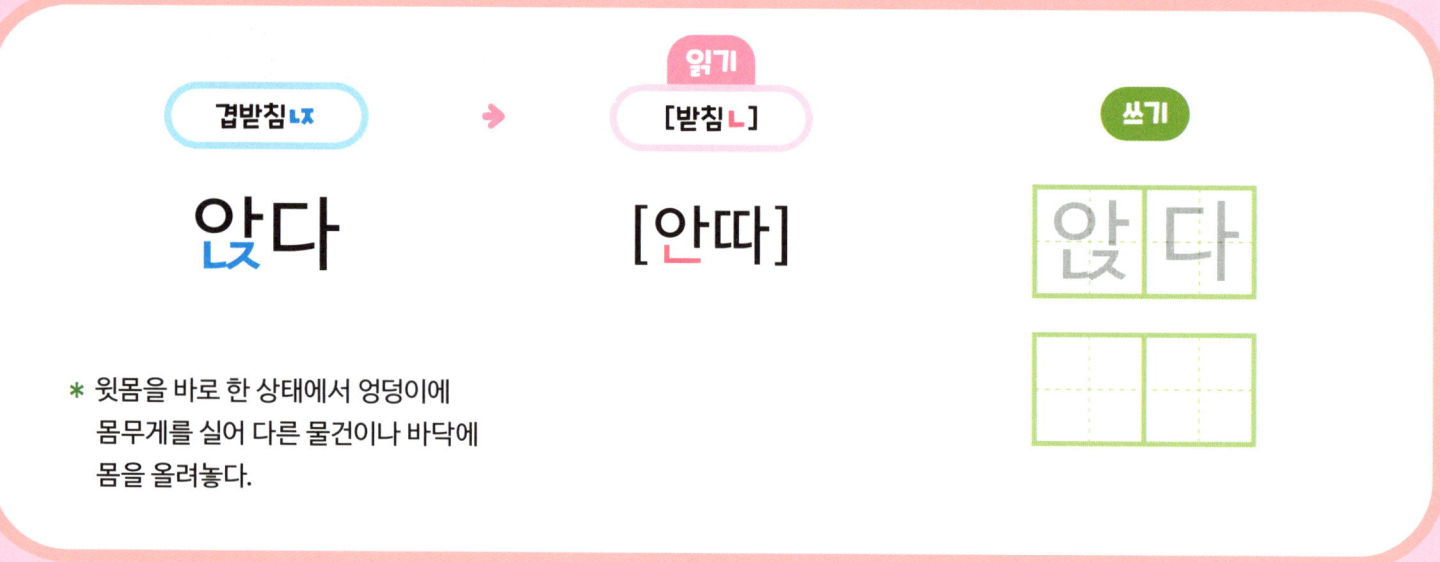

| 겹받침 ㄵ | → | 읽기 [받침 ㄴ] | 쓰기 |

앉다 → [안따]   앉다

* 윗몸을 바로 한 상태에서 엉덩이에 몸무게를 실어 다른 물건이나 바닥에 몸을 올려놓다.

얹다 → [언따]   얹다

* 위에 올려놓다.

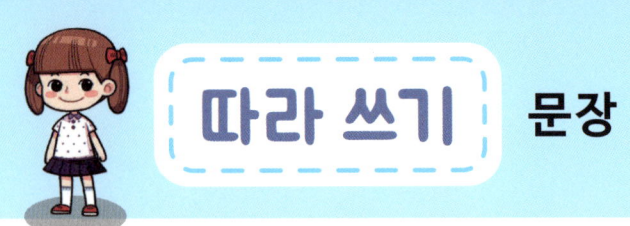

따라 쓰기 문장

➡ **문장을 소리 내어 읽고, 맞춤법에 맞게 따라 쓰세요.**

①  우리는 의자에 나란히 앉 았 다 .

②  누군가 내 어깨에 손을 얹 었 다 .

③ 저 가게에는 값 싼 물건이 많이 있어요.

④  길에 버려진 가 엾 은 고양이가 있다.

⑤ 아빠는 오래된 소파를 없 애 고 새 의자를 사 오셨다.

 익히기 18

정답 p. 172

→ 하하의 받아쓰기 공책이에요. 틀린 것을 바르게 고쳐 쓰세요.

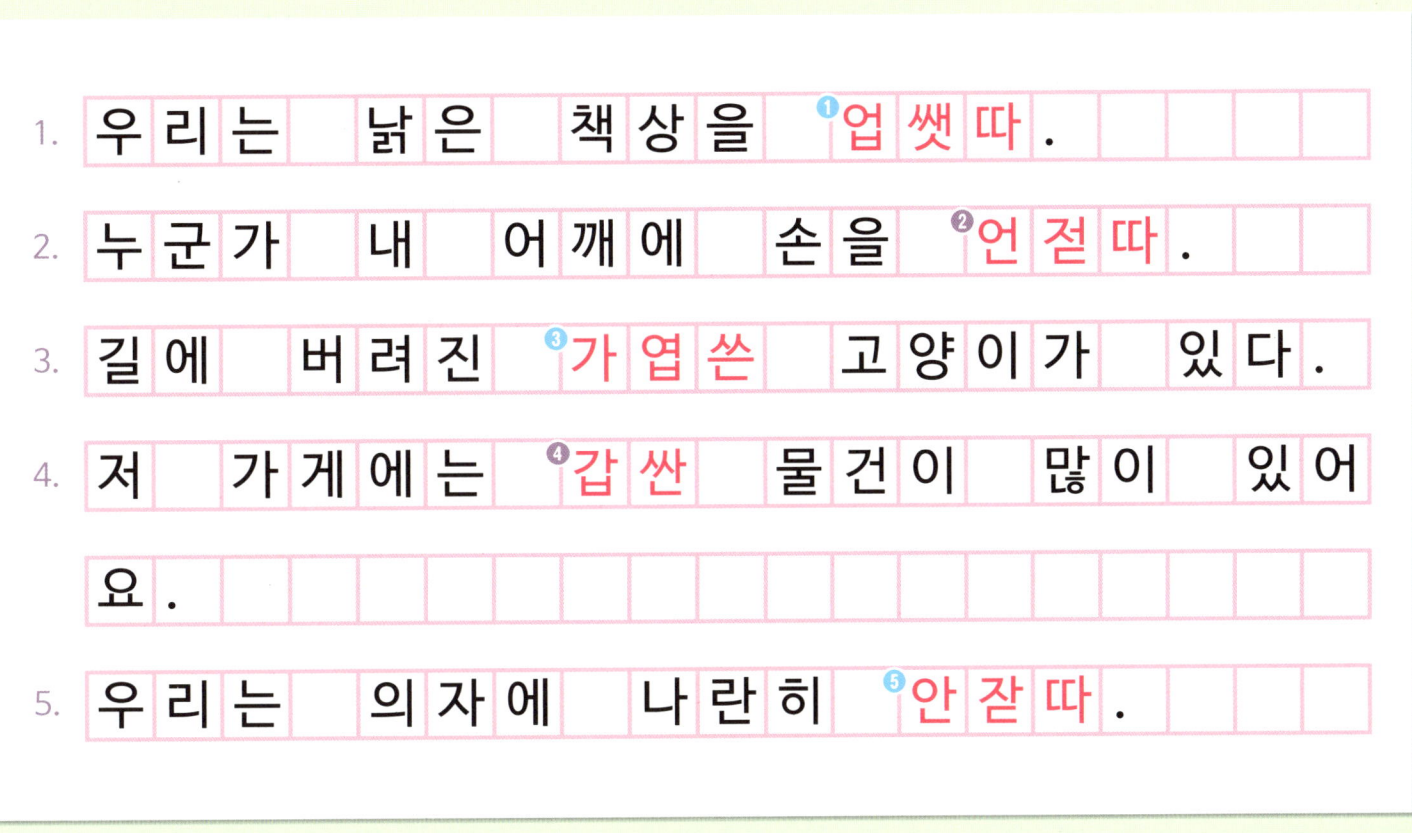

1. 우리는 낡은 책상을 ①업썻따.
2. 누군가 내 어깨에 손을 ②언젇따.
3. 길에 버려진 ③가엽쓴 고양이가 있다.
4. 저 가게에는 ④갑싼 물건이 많이 있어요.
5. 우리는 의자에 나란히 ⑤안잗따.

① 업썻따 →

② 언젇따 →

③ 가엽쓴 →

④ 갑싼 →

⑤ 안잗따 →

19일 차 닮다/젊다, 낡다/밝다/읽다

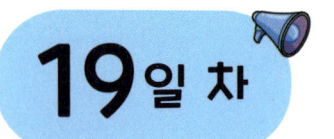

🔍 겹받침 ㄺ/ㄻ은 뒷글자의 자음 앞에서 각각 [ㄱ/ㅁ]으로 소리 납니다. 뒷글자의 첫소리가 모음으로 시작하면, 뒷글자로 소리가 옮겨 납니다.

[예] 닮아[달마], 밝으니[발그니]

단, ㄺ은 뒷글자의 첫소리가 ㄱ으로 시작하면, 겹받침의 소리는 [ㄹ]로 납니다.

[예] 읽고[일꼬]

| 겹받침 ㄻ | 읽기 [받침 ㅁ] | 쓰기 |

닮다 → [담ː따]

* 둘 이상의 사람 또는 사물이 서로 비슷한 생김새나 성질을 지니다.

| 겹받침 ㄻ | 읽기 [받침 ㅁ] | 쓰기 |

젊다 → [점ː따]

* 나이가 한창때에 있다.

겹받침 ㄺ → [받침 ㄱ]

낡다 [낙따]

* 물건이 오래되어 허름하다.

겹받침 ㄺ → [받침 ㄱ]

밝다 [박따]

* 어둠이 없어지고 환하게 되다.

겹받침 ㄺ → [받침 ㄱ]

읽다 [익따]

* 글이나 글자를 보고 그 음대로 소리를 내어 말로 나타내다.

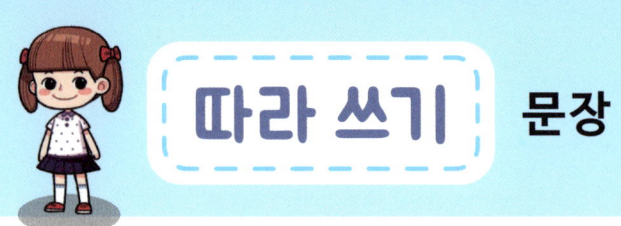 따라 쓰기 문장

➡ 문장을 소리 내어 읽고, 맞춤법에 맞게 따라 쓰세요.

① 엄마가 빚은 송편은 누나 눈썹을 닮았다.

②  할아버지의 젊을 때 사진을 보았다.

③  루루는 낡은 구두를 버렸다.

④  오늘 밤은 달빛이 참 밝구나!

⑤ 또박또박 읽어 보세요.

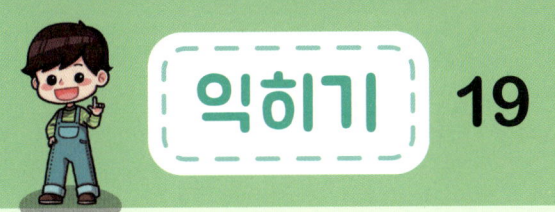

익히기 19

➜ 그림을 보고, 어울리는 낱말을 보기 에서 찾아 빈칸에 쓰세요.

보기 밝다   닮다   젊다   낡다

1. 닮다
2. 낡다
3. 밝다
4. 젊다

20일 차 핥다/훑다, 밟다/얇다/짧다

알아보기

🔍 겹받침 ㄼ/ㄾ은 뒷글자의 자음 앞에서 [ㄹ]로 소리 납니다.
뒷글자의 첫소리가 모음으로 시작하면, 뒷글자로 소리가 옮겨 납니다.
[예] 핥아[할타], 짧은[짤븐]

단, '밟다'는 예외로 [밥ː따]로 소리 납니다. 또한 뒷글자의 첫소리가 ㄱ/ㄷ/ㅅ/ㅈ으로 시작하는 말이면, 각각 [ㄲ/ㄸ/ㅆ/ㅉ] 소리로 바뀝니다.
[예] 짧고[짤꼬]

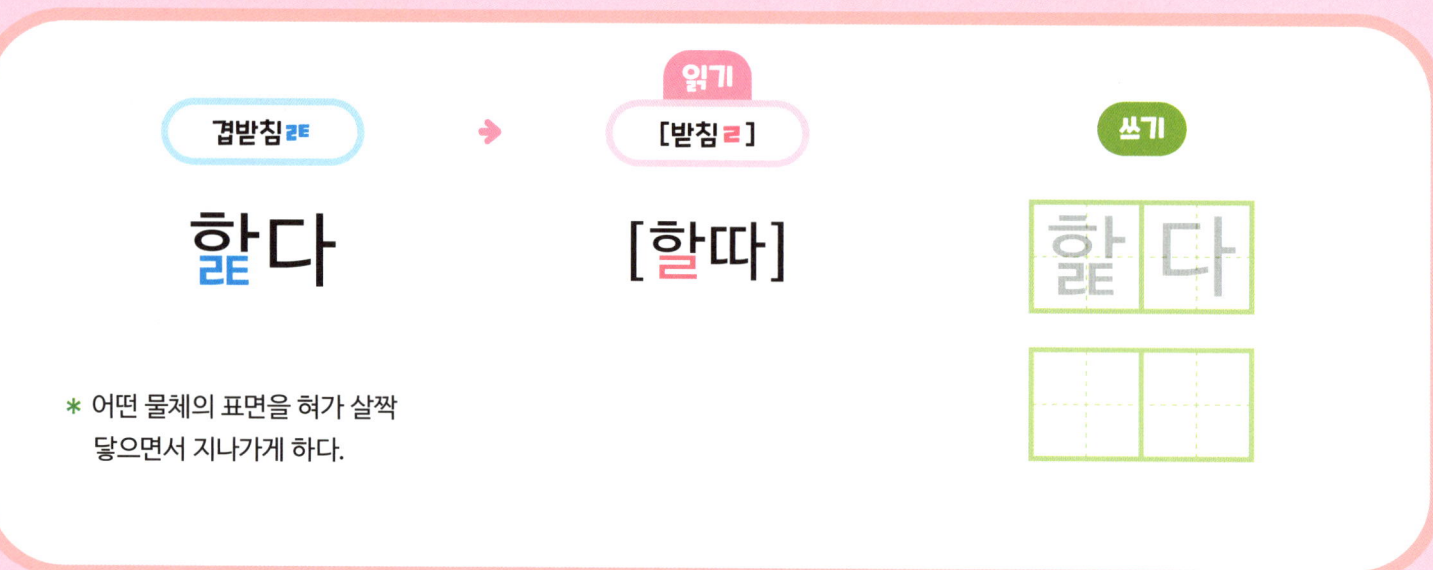

| 겹받침 ㄾ | → | 읽기 [받침 ㄹ] | 쓰기 |

핥다 → [할따]

* 어떤 물체의 표면을 혀가 살짝 닿으면서 지나가게 하다.

훑다 → [훌따]

* 일정한 범위를 처음부터 끝까지 쭉 더듬거나 살피다.

따라 쓰기 문장

➡ 문장을 소리 내어 읽고, 맞춤법에 맞게 따라 쓰세요.

① 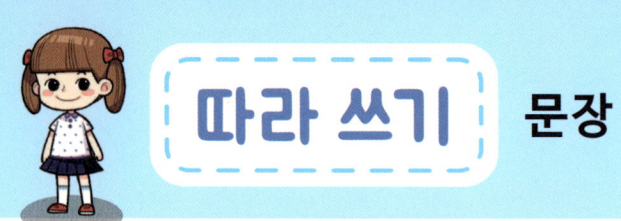 동생은 아이스크림을 핥고 있었다.

② 아빠는 신문을 쭉 훑으셨다.

③  지렁이도 밟으면 꿈틀한다

④ 추우니까 얇은 옷을 입지 마라.

⑤  길고 짧은 건 대봐야 아는 법

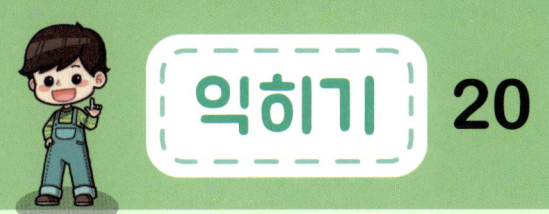
익히기 20

정답 p. 173

➡ 루루가 배운 속담과 관용어를 메모장에 썼어요.
틀린 것을 바르게 고쳐 쓰세요.

① 귀가 얕따
  * 남이 하는 말을 너무 쉽게 믿고 행한다.

  ➡ ☐☐

② 수박 겉할끼
  * 어떤 것의 속 내용은 모르고 겉만 건드리는 것.

  ➡ ☐☐☐

③ 살얼음을 밥따
  * 위태위태하여 마음이 몹시 불안하다.

  ➡ ☐☐

④ 참빗으로 훌뜻
  * 샅샅이 뒤져내는 모양.

  ➡ ☐☐

1. 그림을 보고, 알맞게 쓴 낱말을 찾아 연결하세요.

- 앉다
- 엇다
- 핥다
- 훑다
- 끊다
- 끓다

2. 소리 나는 대로 쓴 낱말을 바르게 고쳐 쓰세요.

① 나는 겨울을 시러해요. →

② 우리는 코가 서로 달맏따. →

③ 나는 갑싼 물건을 샀어요. →

3. 바른 낱말에 ○하세요.

① 내 지우개는 많이 (다라써요 / 달아써요 / 닳았어요).

② 재료를 다 (서꺼 / 섞어 / 석꺼) 주세요.

③ 우리는 깜짝 놀라서 (넋을 / 넉슬 / 너쓸) 잃었다.

4. 맞춤법에 맞지 않은 낱말을 바르게 고쳐 쓰세요.

① 저기 가엽쓴 고양이가 있어요. →

② 해수욕장에는 사람이 정말 마났다. →

③ 엄마가 사과를 까까 주셨다. →

뜻에 맞게 써야 하는 말

21일차 봉오리/봉우리, 한참/한창, 거저/그저

22일차 겨누다/겨루다, 마치다/맞추다/맞히다

23일차 작다/적다, 잃어버리다/잊어버리다, 비기다/비키다

24일차 가르치다/가리키다, 다르다/틀리다, 부수다/부시다

25일차 느리다/늦다, 빠르다/이르다, 빨리/일찍

21일 차 봉오리/봉우리, 한참/한창, 거저/그저

알아보기

🔍 **모양이 비슷해서 틀리기 쉬운 낱말입니다.**

봉오리 읽기 [봉오리] 쓰기 봉오리

* 아직 피지 않은 꽃.

봉우리 읽기 [봉우리] 쓰기 봉우리

* 산에서 가장 높이 솟은 부분.

한참

* 시간이 꽤 지나는 동안.

읽기 [한참]

쓰기

한창

* 어떤 일이 가장 활기 있고 왕성하게 일어나는 때. 또는 어떤 상태가 가장 무르익은 때.

읽기 [한창]

쓰기

거저

* 돈을 내거나 받지 않고 공짜로.

읽기 [거저]

쓰기

그저

* 다른 일은 하지 않고 그냥.

읽기 [그저]

쓰기

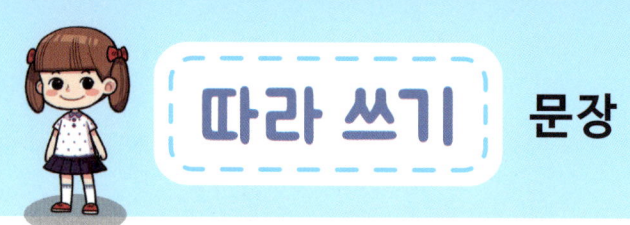

따라 쓰기 문장

→ **문장을 소리 내어 읽고, 맞춤법에 맞게 따라 쓰세요.**

① 봄이 오니 꽃나무에 봉오리 가 많이 맺혀요.

② 제일 높은 봉우리 에 올라가 보자!

③ 선호는 기차 꽁무니를 한참 바라보았어요.

④ 우리는 한창 신나게 놀고 있었죠.

⑤ 우리 가게는 모든 것을 거저 드립니다.

⑥ 할머니는 그저 웃고만 계셨다.

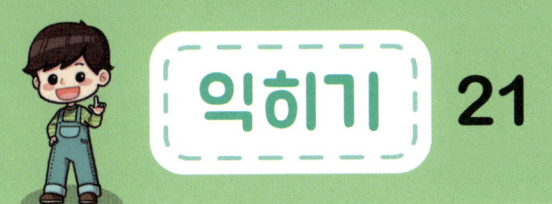

익히기 21

정답 p. 173

➤ 루루의 그림일기예요. 틀린 것을 바르게 고쳐 쓰세요.

5월 4일 토요일   날씨 맑음

산 ①봉오리에 올라서니 예쁜 꽃 ②봉우리들이 많이 있었다. ③한창 들여다 보다가 벌에 쏘이고 말았다. 나는 아파서 ④거저 누워 있었다.

① 봉오리 ➤ ☐☐☐   ② 봉우리 ➤ ☐☐☐

③ 한창 ➤ ☐☐   ④ 거저 ➤ ☐☐

107

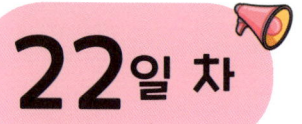

22일 차 겨누다/겨루다, 마치다/맞추다/맞히다

🔍 모양이 비슷해서 잘못 쓸 수 있는 낱말입니다.

겨누다   읽기 [겨누다]   쓰기 겨누다

* 칼이나 총, 활 등의 무기로 목표 대상을 찌르거나 쏘려는 태세를 갖추다.

겨루다   읽기 [겨루다]   쓰기 겨루다

* 누가 더 힘이 센지, 누가 더 뛰어난지 드러나도록 싸우다.

마치다

읽기 [마치다]

* 하던 일이나 과정이 끝나다. 또는 그렇게 하다.

맞추다

읽기 [맏추다]

* 떨어져 있는 여러 부분을 알맞은 자리에 대어 붙이다.

맞히다

읽기 [마치다]

* 문제에 대한 답을 옳게 대다.

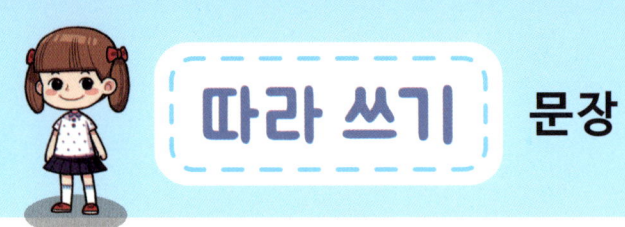 **따라 쓰기** 문장

➡ 문장을 소리 내어 읽고, 맞춤법에 맞게 따라 쓰세요.

❶  양궁 선수가 활을 과녁에 겨누고 있다.

❷  이번에 정정당당하게 실력을 겨루자!

❸ 여러분, 준비를 마치면 알려 주세요.

❹  우리는 퍼즐을 맞추면서 시간을 보냈어요.

❺ 정답을 맞힌 사람이 누구지?

익히기 22

정답 p. 173

→ 하하의 받아쓰기 공책이에요. 틀린 것을 바르게 고쳐 쓰세요.

1. 이번에 정정당당하게 실력을 ❶겨누자!
2. 준비를 ❷맞치면 알려 주세요.
3. 퍼즐을 ❸맞히면서 시간을 보냈어요.
4. 정답을 ❹마친 사람이 누구지?

❶ 겨누자
→ ☐☐☐

❷ 맞치면
→ ☐☐☐

❸ 맞히면서
→ ☐☐☐☐

❹ 마친
→ ☐☐

23일 차 작다/적다, 잃어버리다/잊어버리다, 비기다/비키다

🪄 모양이 비슷해서 많이 헷갈리는 낱말입니다.

작다

읽기: [작ː따]

쓰기: 작다

* 길이, 넓이, 부피 등이 다른 것이나 보통보다 덜하다.

적다

읽기: [적ː따]

쓰기: 적다

* 수나 양, 정도가 일정한 기준에 미치지 못하다.

잃어버리다

* 가졌던 물건을 흘리거나 놓쳐서 더 이상 갖지 않게 되다.

읽기 [이러버리다]

쓰기

잊어버리다

* 한번 알았던 것을 모두 기억하지 못하거나 전혀 기억해 내지 못하다.
* 기억해야 할 것을 한순간 전혀 생각해 내지 못하다.

읽기 [이저버리다]

쓰기

비기다

* 경기에서 점수가 같아 승부를 내지 못하고 끝내다.

읽기 [비기다]

쓰기 비기다

비키다

* 마주치거나 부딪치지 않으려고 있던 곳에서 자리를 조금 옮기다.

읽기 [비ː키다]

쓰기 비키다

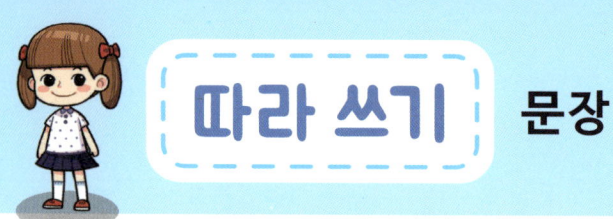 **따라 쓰기** 문장

→ 문장을 소리 내어 읽고, 맞춤법에 맞게 따라 쓰세요.

①  동생의 가방은 내 것보다 작다.

② 내 과자가 언니 것보다 더 적어요.

③  지갑을 잃어버렸어요.

④ 나는 이메일 비밀번호를 잊어버렸어요.

⑤ 우리는 축구 경기에서 비겼다.

⑥  자동차가 오고 있어서, 우리는 옆으로 비켰다.

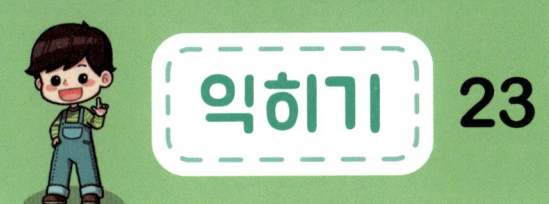

익히기 23

정답 p. 174

→ 루루의 일기예요. 틀린 것을 바르게 고쳐 쓰세요.

| 10월 30일 수요일 | 날씨 바람 |

　옆집에 새로 이사 온 아이는 나보다 나이가 ①작다.
　아까 놀이터에서 만났는데, 그 애 이름을 ②잃어버려서 미안했다.
　그 애는 내 것보다 ③적은 곰인형을 들고 왔다.
　다 놀고 같이 집으로 가는데, 오토바이가 와서 급하게 옆으로 ④비겼다.

① 작다
→ ☐☐

② 잃어버려서
→ ☐☐☐☐☐

③ 적은
→ ☐☐

④ 비겼다
→ ☐☐☐

24일 차 : 가르치다/가리키다, 다르다/틀리다, 부수다/부시다

알아보기

🔍 자주 실수하여 틀리게 쓰는 낱말입니다.

가르치다   읽기 [가르치다]   쓰기 가르치다

* 지식이나 기술 등을 설명해서 익히게 하다.

가리키다   읽기 [가리키다]   쓰기 가리키다

* 손가락이나 물건을 어떤 방향이나 대상으로 향하게 하여 다른 사람에게 그것을 알게 하다.

다르다

* 두 개의 대상이 서로 같지 아니하다.

읽기 [다르다]

쓰기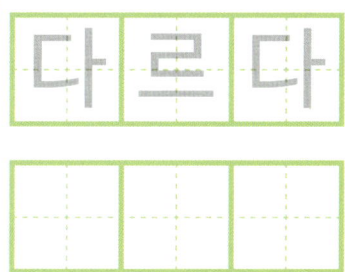

틀리다

* 계산이나 답, 사실 등이 맞지 않다.

읽기 [틀리다]

쓰기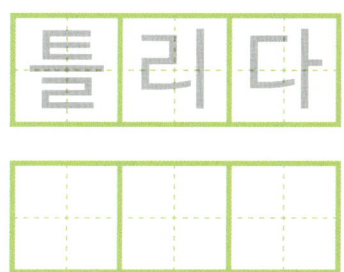

부수다

* 단단한 물체를 두드려 여러 조각이 나게 깨뜨리다.
* 만들어진 물건을 망가뜨리거나 못 쓰게 만들다.

읽기 [부수다]

쓰기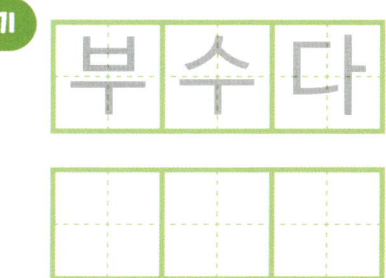

부시다

* 빛이 밝거나 강하여 똑바로 보기 어렵다.

읽기 [부시다]

쓰기

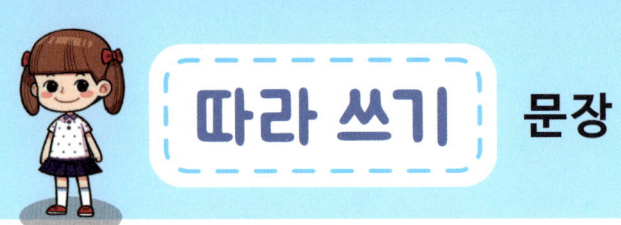 **따라 쓰기** 문장

➡ 문장을 소리 내어 읽고, 맞춤법에 맞게 따라 쓰세요.

① 민호가 　가 르 쳐　 주는 대로 잘 따라 했다.

②  손으로 방향을 　가 리 켜 요　.

③  지역마다 특산물이 .

④ 맞춤법이  곳이 있어요.

⑤  아저씨는 큰 돌을 잘게  버렸다.

⑥ 나는 햇살에 눈이  찡그렸다.

정답 p. 174

→ 하하와 루루의 메신저 채팅창이에요.
틀린 것을 바르게 고쳐 쓰세요.

하하: 내가 ①가르친 건 이거야.

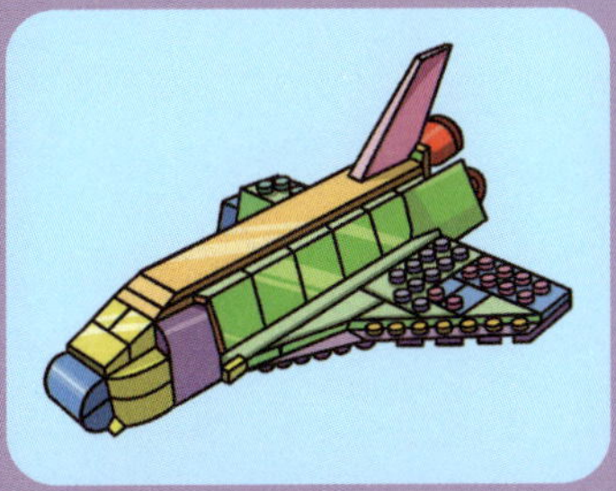

루루: 아니야, 그거랑 ②틀린 거 같은데.

하하: 내가 다 ③부시고 새로 만들었어.

루루: 빛 때문에 눈이 ④부숴서 안 보였어. 다시 볼게.

① 가르친 →
② 틀린 →
③ 부시고 →
④ 부숴서 →

25일 차 느리다/늦다, 빠르다/이르다, 빨리/일찍

🪄 뜻은 비슷하지만 쓰임이 다른 낱말입니다.

읽기　쓰기

느리다　[느리다]　느리다

* 어떤 행동을 하는 데 걸리는 시간이 길다.

읽기　쓰기

늦다　[늗따]　늦다

* 속도가 느리다.
* 정해진 때보다 지나다.

빠르다

* 어떤 동작을 하는 데 걸리는 시간이 짧다.

읽기 [빠르다]

쓰기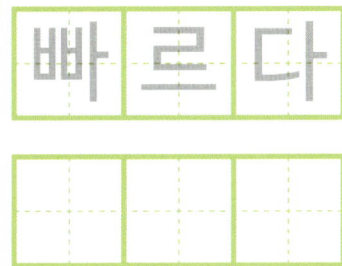

이르다

* 기준이 되는 때보다 앞서거나 빠르다.

읽기 [이르다]

쓰기

빨리

* 걸리는 시간이 짧게.

읽기 [빨리]

쓰기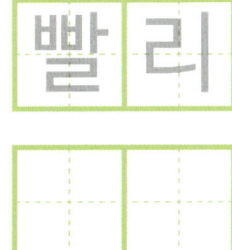

일찍

* 정해진 시간보다 빠르게.

읽기 [일찍]

쓰기

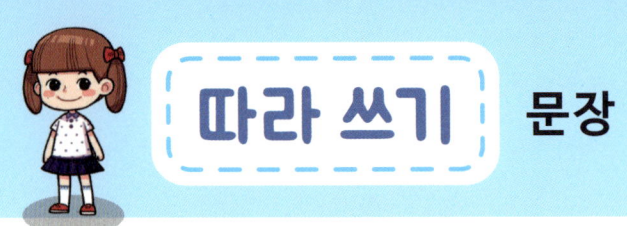 **따라 쓰기** 문장

→ 문장을 소리 내어 읽고, 맞춤법에 맞게 따라 쓰세요.

①  거북은 느리지만, 토끼를 이겼어요.

② 할머니가 걸음이 늦으셔서 우리는 기다렸다.

③  하하는 달리기가 빠르다.

④ 잠을 자기에는 시간이 아직 이르다.

⑤ 빨리 먹고 치우자.

⑥ 어제보다 일찍 일어났어요.

익히기 25

정답 p. 174

→ 그림을 보고, 알맞은 낱말을 보기에서 찾아 빈칸에 쓰세요.

| 보기 | 느리다 | 늦다 | 빠르다 | 빨리 |

① 달팽이는 거북보다 ☐☐☐ .

② 토끼는 거북과 달팽이보다 ☐☐☐ .

③ 치타는 제일 ☐☐ 달린다.

④ 거북은 걸음이 ☐☐ .

1. 그림을 보고, 알맞게 쓴 낱말을 찾아 연결하세요.

   ① (산 봉우리 그림)   • 봉오리
                        • 봉우리

   ② (양궁 그림)   • 겨누다
                        • 겨루다

   ③ (돌 깨는 그림)   • 부수다
                        • 부시다

2. 바른 낱말에 ○하세요.

   ① 나는 비밀번호를 (잃어버렸어요 / 잊어버렸어요).

   ② 손으로 (가리킨 / 가르친) 방향으로 가세요.

   ③ 할머니는 (거저 / 그저) 웃고만 계셨어요.

뜻에 맞게 써야 하는 말 21~25일 차

정답 p. 174

3. 빈칸에 알맞은 낱말을 보기 에서 골라 쓰세요.

보기 느려서/늦어서   마쳤어요/맞혔어요   작아요/적어요

① 약속 시간에 ☐☐☐ 미안해요.

② 언니는 나보다 키가 ☐☐☐.

③ 누가 정답을 ☐☐☐☐?

4. 뜻이 어울리지 않게 잘못 쓴 낱말을 바르게 고치세요.

① 지역마다 특산물이 <u>틀리다</u>. → ☐☐☐

② 우리는 축구 경기에서 <u>비켰다</u>. → ☐☐☐

③ 하하는 달리기가 <u>이르다</u>. → ☐☐☐

125

 **실력평가 1**

1. 그림을 보고, 알맞은 낱말을 골라 번호를 쓰세요.

   ① 줄럼끼   ② 줄넘기

   ③ 준럼기   ④ 줄넘끼

2. 바른 낱말에 ○하세요.

   ① 가랑비에 옷 (젓는 / 젖는) 줄 모른다.

   ② 우리는 생일이 (같아요 / 갖아요).

3. 맞춤법에 맞지 않은 낱말을 바르게 고쳐 쓰세요.

   ① 또박또박 잃어 보세요.

   ② 우리나라 텃세는 참새, 까치, 꿩 등이 있다.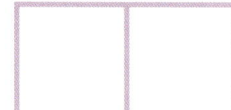

4. 그림을 보고, 바른 문장을 골라 연결하세요.

- 옷이 낡아서 다 해어졌어요.

- 옷이 낡아서 다 헤어졌어요.

5. 맞춤법에 맞게 쓴 문장을 골라 ○하세요.

나는 입맛이 없어요. ☐

요즘 날씨가 무척 더버요. ☐

6. 다음 대화에서 잘못된 부분을 두 군데 찾아, 밑줄을 긋고 바르게 고쳐 쓰세요.

루루: 우리 소꿉놀이하자!
하하: 미안해, 내가 지금 시간이 엄써.
루루: 그럼 있다가 놀면 어때?

→ _____ → _____

 **실력평가** 2

1. 그림을 보고, 알맞은 낱말을 골라 번호를 쓰세요.

① 싱물   ② 신물
③ 싣물   ④ 식물

2. 바른 낱말에 ○하세요.

① 상자 안의 사탕을 (새어 / 세어) 봤어요.

② 나는 머리를 단정하게 (빗었어요 / 빚었어요).

3. 맞춤법에 맞지 않은 낱말을 바르게 고쳐 쓰세요.

① 나는 낯을 많이 가려요. →

② 내일 소방 훌련이 있어요. →

정답 p. 175

4. 그림을 보고, 바른 문장을 골라 연결하세요.

- 음녁 8월 15일은 추석이다.
- 음력 8월 15일은 추석이다.

5. 맞춤법에 맞게 쓴 문장을 골라 ○하세요.

화난 표정을 짓지 마세요.

모든 사실이 난나치 밝혀졌다.

6. 다음 대화에서 잘못된 부분을 두 군데 찾아, 밑줄을 긋고 바르게 고쳐 쓰세요.

루루: 이거 어때?
하하: 색이 너무 지터.
루루: 그럼 이건?

하하: 그게 더 나은데.
루루: 네 말이 맏는 거 같아.

→ _____   → _____

실력평가 3

1. 그림을 보고, 알맞은 낱말을 골라 번호를 쓰세요.

   ① 암머리   ② 압머리
   ③ 앞머리   ④ 안머리

2. 바른 낱말에 ○하세요.

   ① 뚜껑이 세게 (다쳐서 / 닫혀서) 열 수 없어요.

   ② 엄마 무릎을 (배고 / 베고) 누웠어요.

3. 맞춤법에 맞지 않은 낱말을 바르게 고쳐 쓰세요.

   ① 동생은 검먹은 얼굴이었다.

   ② 우리는 퍼즐을 맞히면서 시간을 보냈어요.

4. 그림을 보고, 바른 문장을 골라 연결하세요.

- 우리는 밥을 볶아서 먹었다.
- 우리는 밥을 보까서 먹었다.

5. 맞춤법에 맞게 쓴 문장을 골라 ○하세요.

우리는 다음 주에 방물관에 가요.

사실은 우유를 너무 마시기 싫었다.

6. 다음 대화에서 잘못된 부분을 두 군데 찾아, 밑줄을 긋고 바르게 고쳐 쓰세요.

루루: 이 날근 사진은 누구셔?
하하: 우리 할아버지 젊을 때 사진이야.
루루: 너희 아빠랑 많이 달므셨다!

→ _____ → _____

 실력평가 4

1. 그림을 보고, 알맞은 낱말을 골라 번호를 쓰세요. ☐

① 대통령 ② 대톤녕
③ 대통영 ④ 대통녕

2. 바른 낱말에 ○하세요.

❶ 할아버지는 특별한 양 (때 / 떼)를 갖게 되었다.

❷ 지갑을 (잃어버렸어요 / 잊어버렸어요).

3. 맞춤법에 맞지 않은 낱말을 바르게 고쳐 쓰세요.

❶ 우리 모두 적의 침냑에 대비하자! ➡

❷ 물이 보글보글 끊기 시작했다. ➡

4. 그림을 보고, 바른 문장을 골라 연결하세요.

- 커튼 틈으로 빛이 들어왔다.

- 커튼 틈으로 빛이 들어왔다.

5. 맞춤법에 맞게 쓴 문장을 골라 ○하세요.

엄마는 염려가 많으시다.

우리는 깜짝 놀라서 넋을 잃었다.

6. 다음 대화에서 잘못된 부분을 두 군데 찾아, 밑줄을 긋고 바르게 고쳐 쓰세요.

아빠: 내일모레가 설랄이야.
　　　같이 모여서 만두를 빚자!
엄마: 내가 만두소 재료를 잘 서꺼 놨어.

➡ _____ ➡ _____

실력평가 5

1. 그림을 보고, 알맞은 낱말을 골라 번호를 쓰세요.

① 등바지 ② 등받이

③ 등밧이 ④ 등밫이

2. 바른 낱말에 ○하세요.

❶ 이제 (해어질 / 헤어질) 시간이 되었어요.

❷ 나는 (짖은 / 짙은) 색이 안 어울려요.

3. 맞춤법에 맞지 않은 낱말을 바르게 고쳐 쓰세요.

❶ 온 가족이 모여 송편을 빚어요. →

❷ 아빠는 신문을 쭉 훌트셨다. →

4. 그림을 보고, 바른 문장을 골라 연결하세요.

- 동생의 암니가 쏙 빠졌어요.

- 동생의 앞니가 쏙 빠졌어요.

5. 맞춤법에 맞게 쓴 문장을 골라 ○하세요.

여러분, 준비를 맞치면 알려 주세요. ☐

이것은 네 몫이야. ☐

6. 다음 대화에서 잘못된 부분을 두 군데 찾아, 밑줄을 긋고 바르게 고쳐 쓰세요.

하하: 엄마, 이 옷이 좀 적어요.
엄마: 그러네. 소매도 짤꾸나. 막냇동생에게 물려주고 네 옷은 새로 사 줄게.

→ _____ → _____

마침표 설명, 명령, 부탁을 나타내는 문장 끝에는 **마침표**를 찍어요.

	이것은	하하의	책이에요.	

	일찍	돌아와라.		

	나	좀	도와주세요.	

쉼표 여러 가지 낱말을 나열할 때, 문장을 연결할 때, 부르거나 대답할 때는 **쉼표**를 써요.

냉장고에 딸기, 귤, 사과가 있어요.

나는 노래를 하고, 동생은 춤을 췄어요.

하하야, 이것 좀 봐.

느낌표 느낌이나 감정을 나타내는 문장 끝에는 **느낌표**를 써요.

| | 하 | 늘 | 이 | | 참 | | 맑 | 구 | 나 | ! | | | |

| | 정 | 말 | | 재 | 미 | 있 | 다 | ! | | | | | |

물음표 물어보는 문장 끝에는 **물음표**를 써요.

| | 밖 | 에 | | 비 | 가 | | 오 | 니 | ? | | | | |

| | 이 | 것 | 은 | | 누 | 구 | | 거 | 예 | 요 | ? | | |

따옴표 **큰따옴표**는 대화나 직접 소리 내어 한 말을 나타낼 때 써요.

| | " | 오 | 늘 | | 와 | | 줘 | 서 | | 고 | 마 | 워 | 요 | ! | " |

작은따옴표는 마음속으로 생각한 말을 나타낼 때 써요.

| | ' | 내 | 가 | | 뭘 | | 잘 | 못 | 한 | | 걸 | 까 | ? | ' | |

받아쓰기 급수 1

MP3. 받아쓰기 급수 1

→ 잘 듣고 받아쓰기 연습을 하세요.

1. 낡은 구두
2. 재미있는 물놀이
3. 꽃나무에 봉오리
4. 엄마, 이따가 먹을게요.
5. 하하는 달리기가 빠르다.
6. 재료를 다 섞어 주세요.
7. 여름에는 낮이 길어요.
8. 수박 겉핥는다
9. 다 읽은 책은 반드시 제자리에 꽂습니다.
10. 이번에 정정당당하게 실력을 겨루자!

받아쓰기 급수 2

MP3. 받아쓰기 급수 2

→ 잘 듣고 받아쓰기 연습을 하세요.

1. 난로 근처
2. 우리 집 맏이
3. 개 짖는 소리
4. 컵을 엎어 놓아라.
5. 나는 입맛이 없어요.
6. 누가 정답을 맞혔어요?
7. 아빠는 신문을 쭉 훑으셨다.
8. 발 없는 말이 천 리 간다
9. 화난 표정은 짓지 않는 게 좋아요.
10. 나는 햇살에 눈이 부셔서 찡그렸다.

받아쓰기 급수 3

→ 잘 듣고 받아쓰기 연습을 하세요.

1. 적의 침략
2. 편안한 등받이
3. 내가 빚은 송편
4. 나는 겨울을 싫어해요.
5. 요즘 날씨가 무척 더워요.
6. 코코는 반려동물이에요.
7. 누가 이 줄을 끊었니?
8. 지렁이도 밟으면 꿈틀한다
9. 우리는 퍼즐을 맞추면서 시간을 보냈어요.
10. 나무꾼이 지게를 메고 산에 올랐다.

받아쓰기 급수 4

MP3. 받아쓰기 급수 4

➡ 잘 듣고 받아쓰기 연습을 하세요.

1. 동물과 식물
2. 가엾은 고양이
3. 모래 위에 쌓은 성
4. 내 빗이 어디에 있어요?
5. 나는 가방을 메고 나갔다.
6. 뚜껑을 잘 덮어라.
7. 엄마는 염려가 많으시다.
8. 때 빼고 광내다
9. 전학을 온 친구에게 텃세를 부리지 마세요.
10. 우리는 깜짝 놀라서 넋을 잃었다.

받아쓰기 급수 5

MP3. 받아쓰기 급수 5

→ 잘 듣고 받아쓰기 연습을 하세요.

1. 십만 명
2. 줄넘기 연습
3. 젊을 때 사진
4. 엄마 무릎을 베고 누웠어요.
5. 너는 올해 몇 학년이니?
6. 치타는 제일 빨리 달린다.
7. 동생은 겁먹은 얼굴이었다.
8. 낫 놓고 기역 자도 모른다
9. 약이 물에 잘 녹을 때까지 저으세요.
10. 우리 가족은 해돋이를 보러 떠났다.

받아쓰기 급수 6

MP3. 받아쓰기 급수 6

→ 잘 듣고 받아쓰기 연습을 하세요.

1. 짙은 색
2. 짧은 앞머리
3. 제일 높은 봉우리
4. 지갑을 잃어버렸어요.
5. 우리는 코가 서로 닮았다.
6. 할머니가 모레 오신대요?
7. 물이 끓기 시작했어요.
8. 백지장도 맞들면 낫다
9. 선호는 기차 꽁무니를 한참 바라보았어요.
10. 나무 위에 비둘기 떼가 모여 앉았다.

받아쓰기 급수 7

MP3. 받아쓰기 급수 7

→ 잘 듣고 받아쓰기 연습을 하세요.

1. 소방 훈련
2. 동생의 앞니
3. 내가 타고 놀던 목마
4. 이것이 제일 나아요.
5. 대통령이 인사합니다.
6. 맞춤법이 틀린 곳이 있어요.
7. 친구와 같이 공놀이해요.
8. 빛 좋은 개살구
9. 우리 가게는 모든 것을 거저 드립니다.
10. 빨간불에는 반드시 멈춰야 해요.

받아쓰기 급수 8

MP3. 받아쓰기 급수 8

→ 잘 듣고 받아쓰기 연습을 하세요.

1. 값싼 물건
2. 특별한 양 떼
3. 색종이를 붙여서 만든 꽃
4. 손으로 방향을 가리켜요.
5. 산신령이 갑자기 나타났어요.
6. 아빠는 그저 웃고만 계셨다.
7. 한국팀은 승리를 거두었다.
8. 가랑비에 옷 젖는 줄 모른다
9. 엄마가 빚은 송편은 누나 눈썹을 닮았다.
10. 설날에 우리는 예쁜 한복을 입어요.

 받아쓰기 급수 9

MP3. 받아쓰기 급수 9
→ 잘 듣고 받아쓰기 연습을 하세요.

1. 박물관 견학
2. 우리나라 텃새
3. 물이 줄줄 새는 항아리
4. 우리는 생일이 같아요.
5. 책상을 반듯이 정리하세요.
6. 내 지우개는 많이 닳았어요.
7. 나는 눈을 지그시 감았다.
8. 벼룩도 낯짝이 있다
9. 나는 친구를 만나러 갔다가 허탕을 쳤다.
10. 아주머니, 굳이 나오지 않으셔도 돼요.

받아쓰기 급수 10

→ 잘 듣고 받아쓰기 연습을 하세요.

1. 긴 속눈썹
2. 초등학교 1학년
3. 밀짚모자를 쓴 허수아비
4. 우리는 낡은 책상을 없앴다.
5. 나는 낯을 많이 가려요.
6. 또박또박 읽어 보세요.
7. 준비를 마치면 알려 주세요.
8. 하늘이 낮다고 펄펄 뛰다
9. 나는 지갑을 찾으려고 집 안을 샅샅이 뒤졌어요.
10. 아저씨는 상자의 끈을 꼭 매고 들었다.

받아쓰기 10회

 **1**

 MP3. 받아쓰기 1

➡ 잘 듣고 받아쓰세요.

정답 p. 150

1.
2.
3.
4.
5.
6.
7.
8.
9.
10.

정답을 확인하고 따라 쓰세요.

1. 낡은 구두
2. 재미있는 물놀이
3. 꽃나무에 봉오리
4. 엄마, 이따가 먹을게요.
5. 하하는 달리기가 빠르다.
6. 재료를 다 섞어 주세요.
7. 여름에는 낮이 길어요.
8. 수박 겉핥는다
9. 다 읽은 책은 반드시 제자리에 꽂습니다.
10. 이번에 정정당당하게 실력을 겨루자!

받아쓰기 2

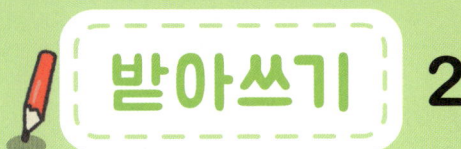

MP3. 받아쓰기 2

➔ 잘 듣고 받아쓰세요.

정답 p. 152

1.

2.

3.

4.

5.

6.

7.

8.

9.

10.

 **2**

→ 정답을 확인하고 따라 쓰세요.

1. 난로 근처
2. 우리 집 맏이
3. 개 짖는 소리
4. 컵을 엎어 놓아라.
5. 나는 입맛이 없어요.
6. 누가 정답을 맞혔어요?
7. 아빠는 신문을 쭉 훑으셨다.
8. 발 없는 말이 천 리 간다
9. 화난 표정은 짓지 않는 게 좋아요.
10. 나는 햇살에 눈이 부셔서 찡그렸다.

 **3**

 **MP3.** 받아쓰기 3

➡ 잘 듣고 받아쓰세요.

정답 p. 154

1.

2.

3.

4.

5.

6.

7.

8.

9.

10.

정답을 확인하고 따라 쓰세요.

1. 적의 침략
2. 편안한 등받이
3. 내가 빚은 송편
4. 나는 겨울을 싫어해요.
5. 요즘 날씨가 무척 더워요.
6. 코코는 반려동물이에요.
7. 누가 이 줄을 끊었니?
8. 지렁이도 밟으면 꿈틀한다
9. 우리는 퍼즐을 맞추면서 시간을 보냈어요.
10. 나무꾼이 지게를 메고 산에 올랐다.

 4

MP3. 받아쓰기 4

→ 잘 듣고 받아쓰세요.

정답 p. 156

1.
2.
3.
4.
5.
6.
7.
8.
9.
10.

받아쓰기

 따라 쓰기 4

→ 정답을 확인하고 따라 쓰세요.

1. 동물과 식물
2. 가엾은 고양이
3. 모래 위에 쌓은 성
4. 내 빗이 어디에 있어요?
5. 나는 가방을 메고 나갔다.
6. 뚜껑을 잘 덮어라.
7. 엄마는 염려가 많으시다.
8. 때 빼고 광내다
9. 전학을 온 친구에게 텃세를 부리지 마세요.
10. 우리는 깜짝 놀라서 넋을 잃었다.

받아쓰기 5

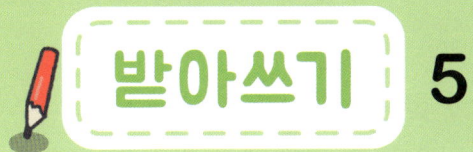

MP3. 받아쓰기 5

➔ 잘 듣고 받아쓰세요.

정답 p. 158

1.

2.

3.

4.

5.

6.

7.

8.

9.

10.

 **5**

→ 정답을 확인하고 따라 쓰세요.

1. 십만 명
2. 줄넘기 연습
3. 젊을 때 사진
4. 엄마 무릎을 베고 누웠어요.
5. 너는 올해 몇 학년이니?
6. 치타는 제일 빨리 달린다.
7. 동생은 겁먹은 얼굴이었다.
8. 낫 놓고 기역 자도 모른다
9. 약이 물에 잘 녹을 때까지 저으세요.
10. 우리 가족은 해돋이를 보러 떠났다.

MP3. 받아쓰기 6

➡ 잘 듣고 받아쓰세요.

정답 p. 160

1.
2.
3.
4.
5.
6.
7.
8.
9.
10.

받아쓰기

➡ 정답을 확인하고 따라 쓰세요.

1. 짙은 색
2. 짧은 앞머리
3. 제일 높은 봉우리
4. 지갑을 잃어버렸어요.
5. 우리는 코가 서로 닮았다.
6. 할머니가 모레 오신대요?
7. 물이 끓기 시작했어요.
8. 백지장도 맞들면 낫다
9. 선호는 기차 꽁무니를 한참 바라보았어요.
10. 나무 위에 비둘기 떼가 모여 앉았다.

  MP3. 받아쓰기 7

➡ 잘 듣고 받아쓰세요.

정답 p. 162

1.
2.
3.
4.
5.
6.
7.
8.
9.
10.

➡ 정답을 확인하고 따라 쓰세요.

1. 소방 훈련
2. 동생의 앞니
3. 내가 타고 놀던 목마
4. 이것이 제일 나아요.
5. 대통령이 인사합니다.
6. 맞춤법이 틀린 곳이 있어요.
7. 친구와 같이 공놀이해요.
8. 빛 좋은 개살구
9. 우리 가게는 모든 것을 거저 드립니다.
10. 빨간불에는 반드시 멈춰야 해요.

받아쓰기 8

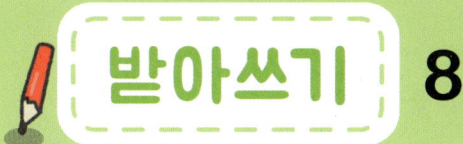

MP3. 받아쓰기 8

잘 듣고 받아쓰세요.

정답 p. 164

1.

2.

3.

4.

5.

6.

7.

8.

9.

10.

 **따라 쓰기 8**

➜ 정답을 확인하고 따라 쓰세요.

1. 값싼 물건
2. 특별한 양 떼
3. 색종이를 붙여서 만든 꽃
4. 손으로 방향을 가리켜요.
5. 산신령이 갑자기 나타났어요.
6. 아빠는 그저 웃고만 계셨다.
7. 한국팀은 승리를 거두었다.
8. 가랑비에 옷 젖는 줄 모른다
9. 엄마가 빚은 송편은 누나 눈썹을 닮았다.
10. 설날에 우리는 예쁜 한복을 입어요.

MP3. 받아쓰기 9

➡ 잘 듣고 받아쓰세요.

정답 p. 166

1.
2.
3.
4.
5.
6.
7.
8.
9.
10.

165

9

→ 정답을 확인하고 따라 쓰세요.

1. 박물관 견학
2. 우리나라 텃새
3. 물이 줄줄 새는 항아리
4. 우리는 생일이 같아요.
5. 책상을 반듯이 정리하세요.
6. 내 지우개는 많이 닳았어요.
7. 나는 눈을 지그시 감았다.
8. 벼룩도 낯짝이 있다
9. 나는 친구를 만나러 갔다가 허탕을 쳤다.
10. 아주머니, 굳이 나오지 않으셔도 돼요.

MP3. 받아쓰기 10

➡ 잘 듣고 받아쓰세요.

정답 p. 168

1.
2.
3.
4.
5.
6.
7.
8.
9.
10.

10

➔ 정답을 확인하고 따라 쓰세요.

1. 긴 속눈썹
2. 초등학교 1학년
3. 밀짚모자를 쓴 허수아비
4. 우리는 낡은 책상을 없앴다.
5. 나는 낯을 많이 가려요.
6. 또박또박 읽어 보세요.
7. 준비를 마치면 알려 주세요.
8. 하늘이 낮다고 펄펄 뛰다
9. 나는 지갑을 찾으려고 집 안을 샅샅이 뒤졌어요.
10. 아저씨는 상자의 끈을 꼭 매고 들었다.

정답

p. 11

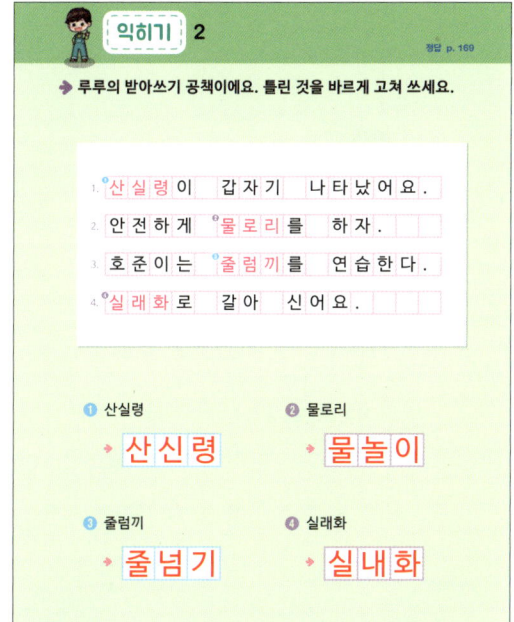

p. 15

p. 19

p. 23

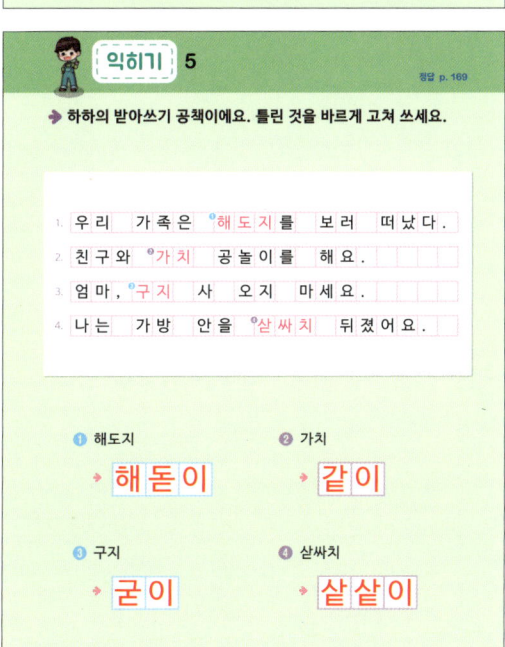

p. 27

p. 28

169

정답

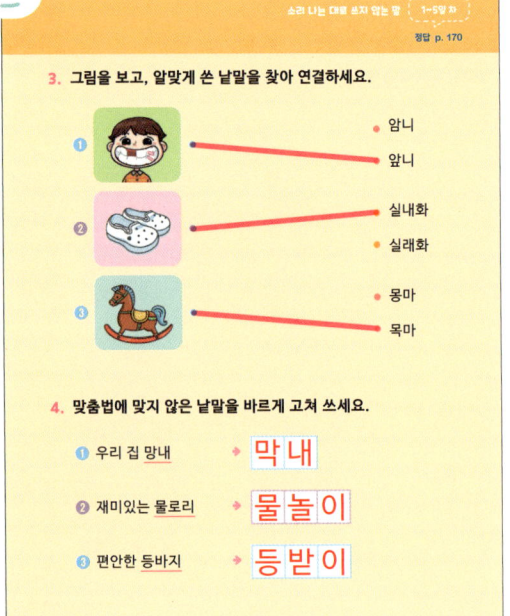
p. 29

p. 35

p. 39

p. 43

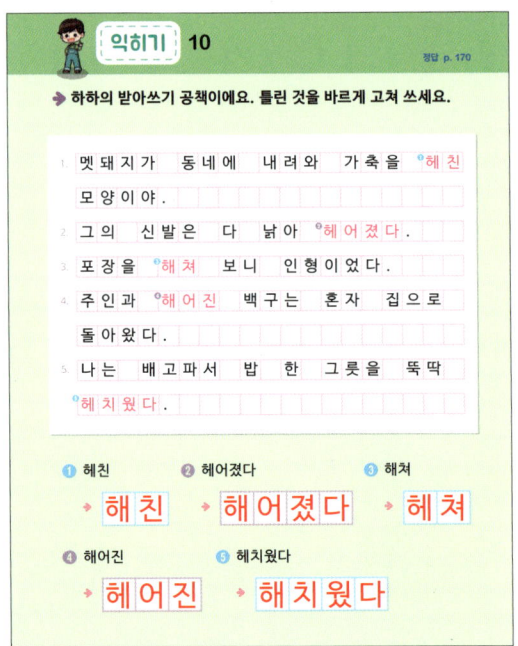
p. 47

p. 51

170

p. 52

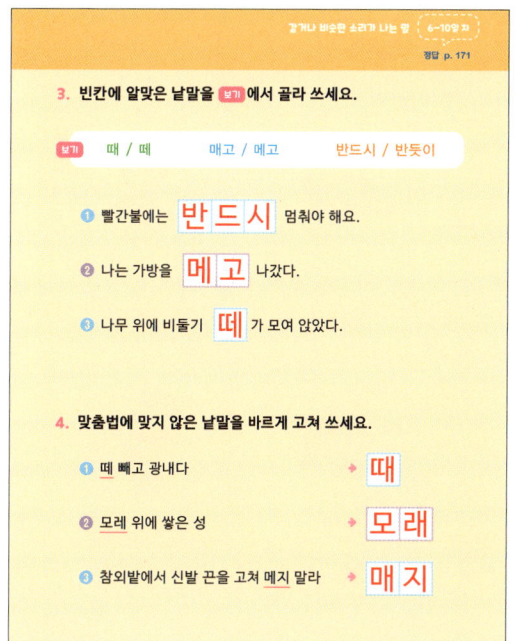

p. 53

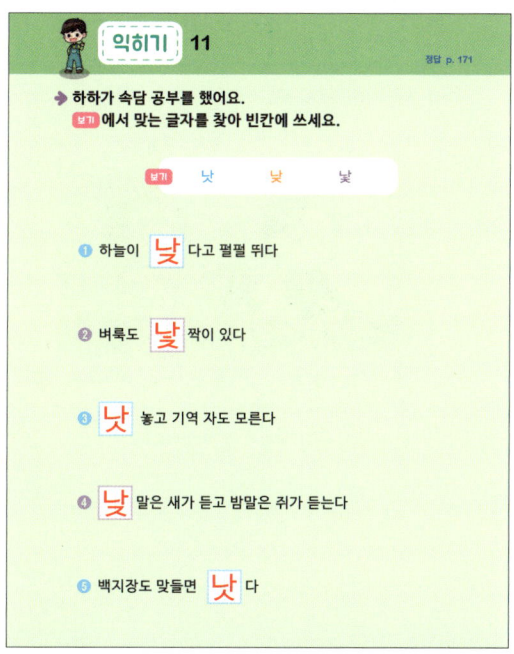

p. 59

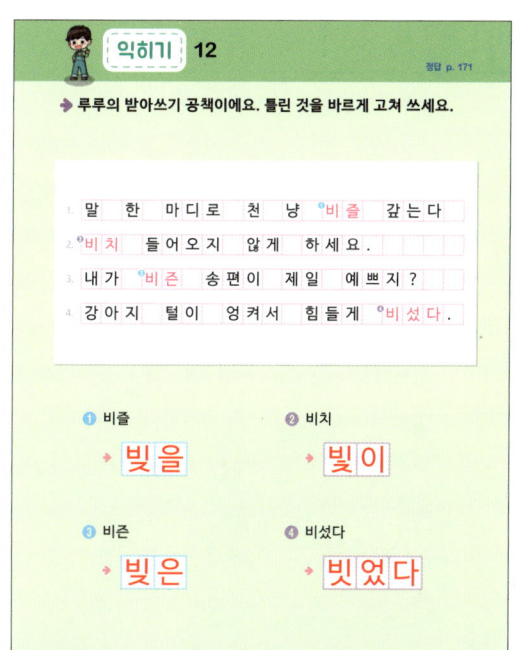

p. 63

p. 67

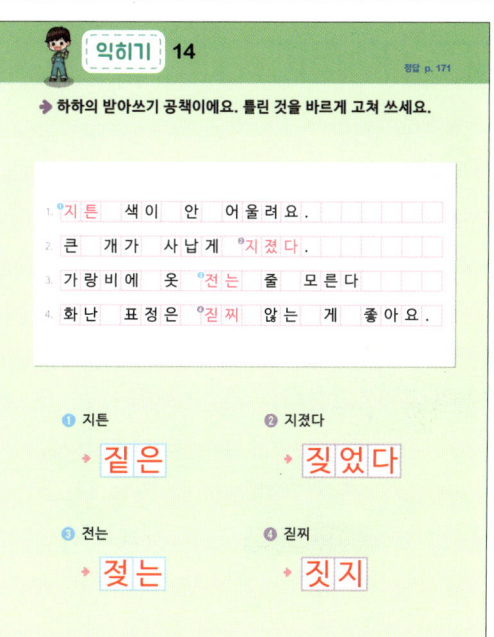

p. 71

정답

p. 75

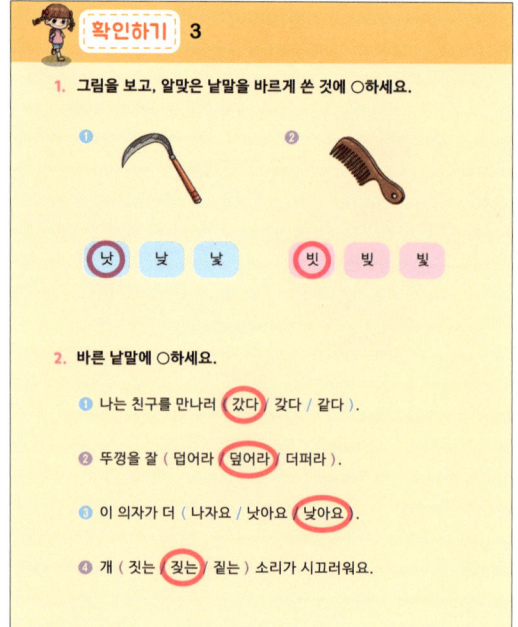

p. 76

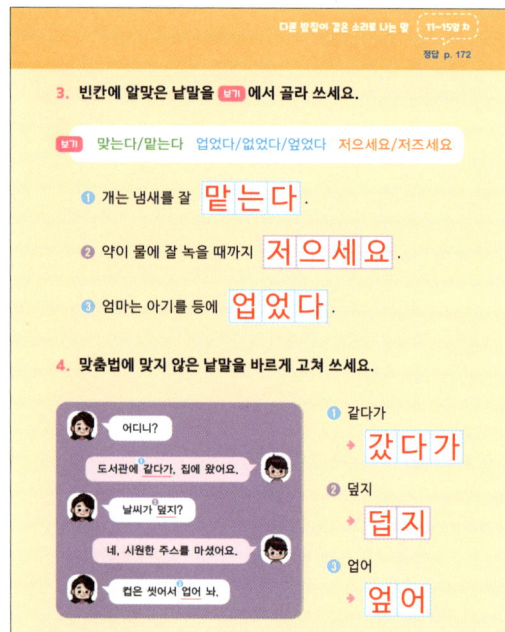

p. 77

p. 83

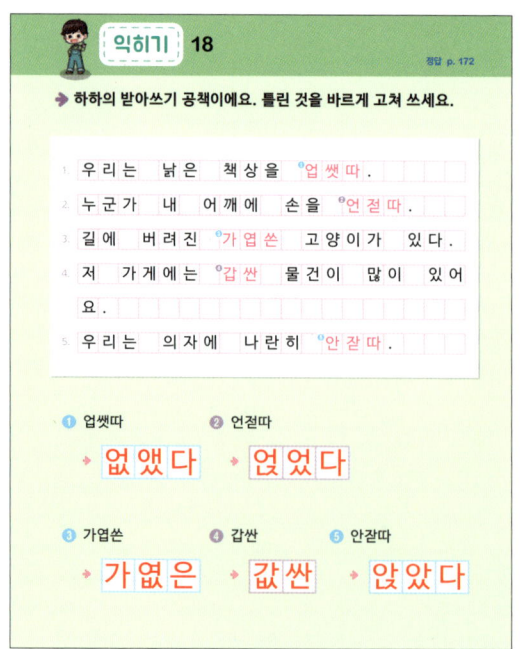

p. 87

p. 91

172

p. 95

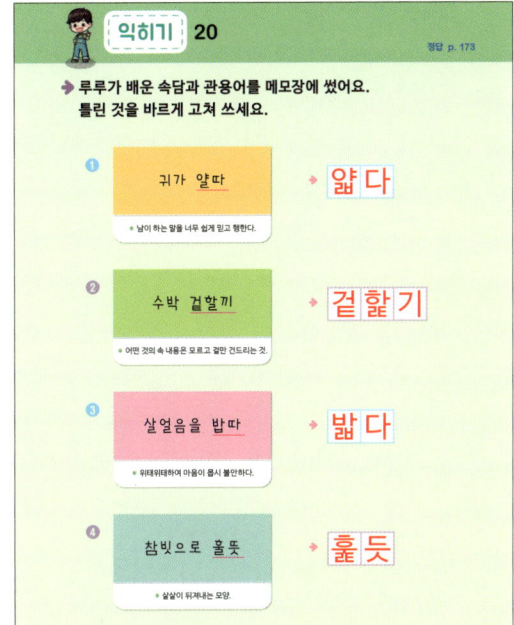

p. 99

p. 100

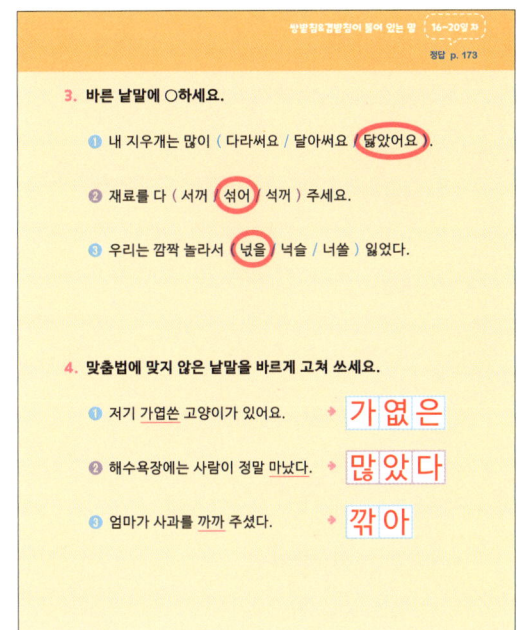

p. 101

p. 107

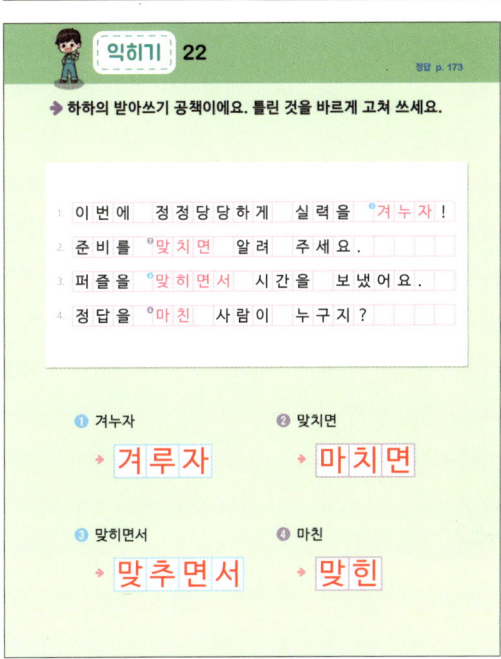

p. 111

173

정답

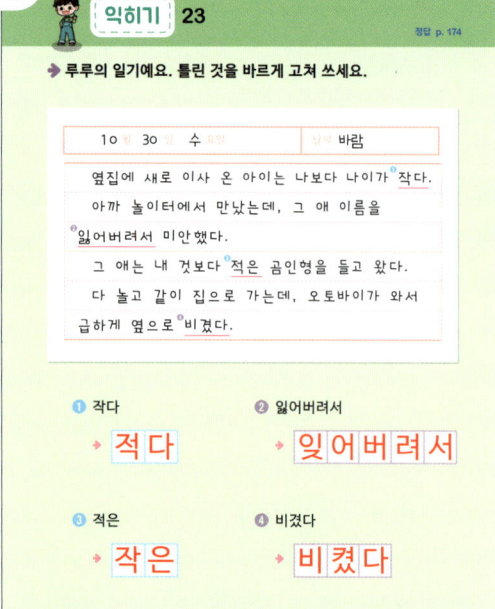

p. 115

p. 119

p. 123

p. 124

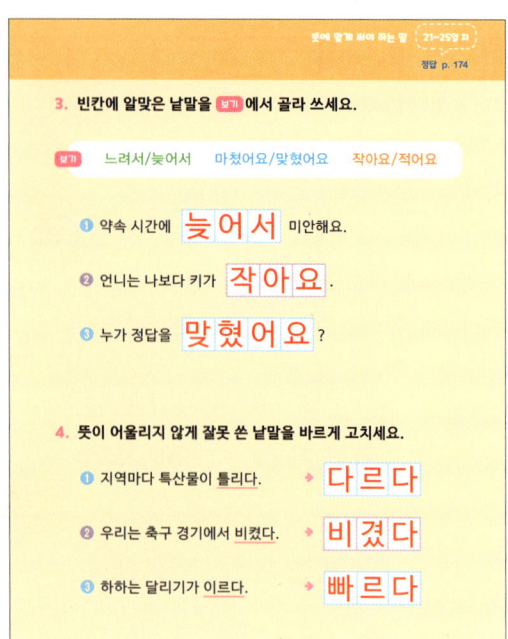

p. 125

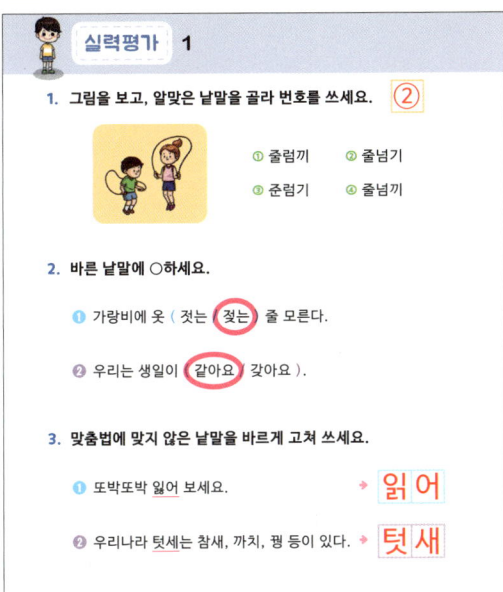
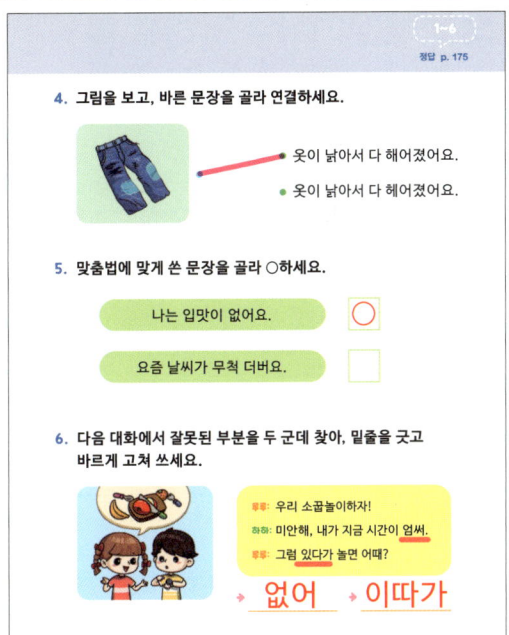

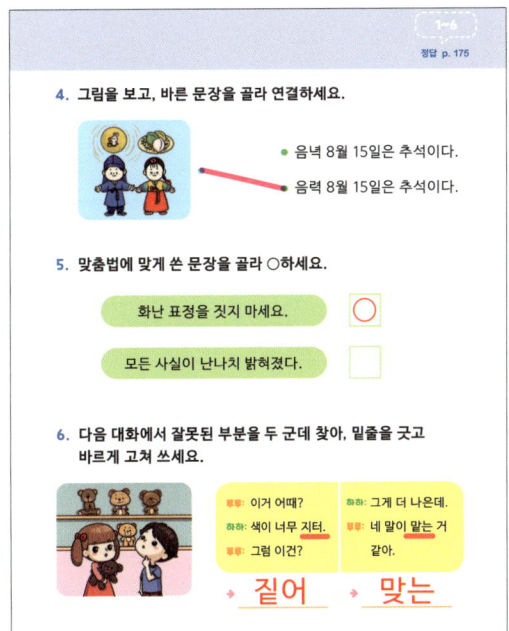
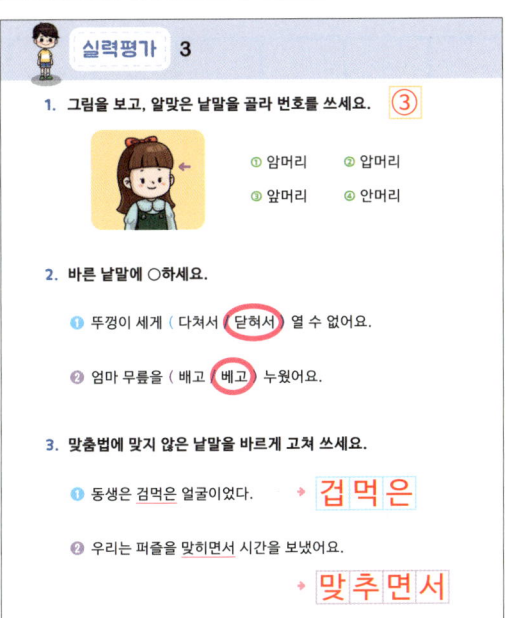

정답

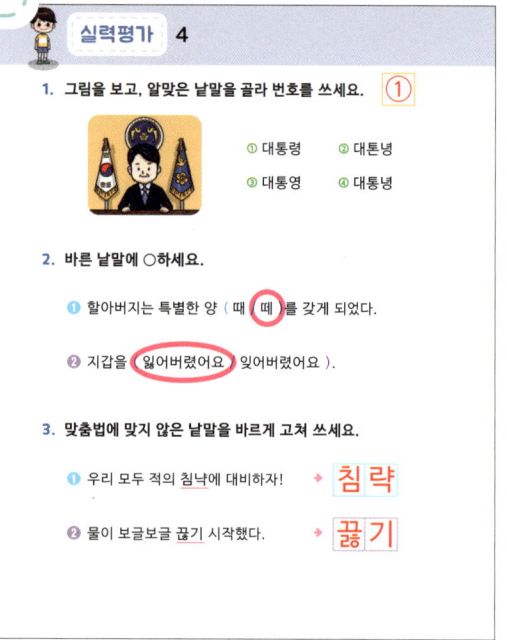

p. 132

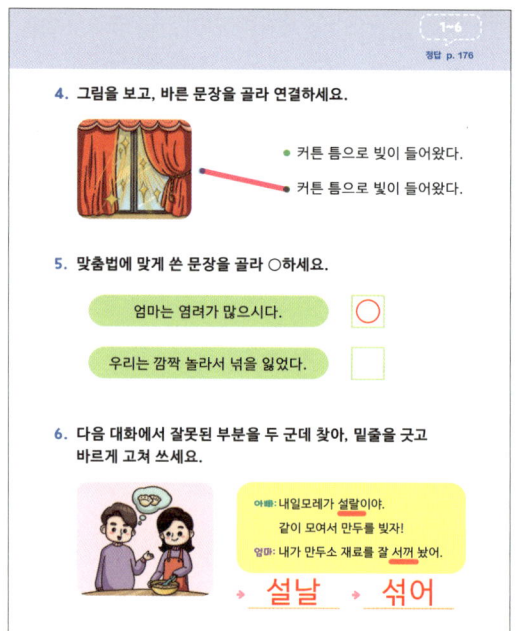

p. 133

p. 134

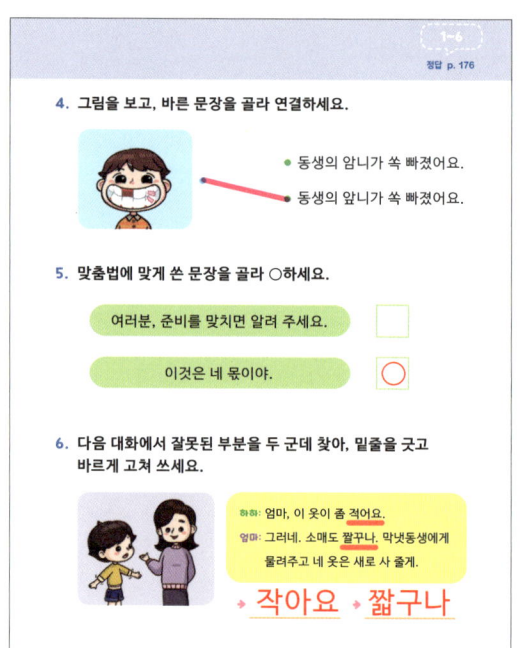

p. 135

하루하루 맞춤법+받아쓰기

초판 4쇄 **발행**	2024년 9월 1일	초판 1쇄 **발행**	2023년 7월 10일	

저자	더 콜링	**발행인**	조경아	**주소** 서울시 마포구 포은로2나길 31 빌라비스타 208호
그림	박윤희 · 서정임	**총괄**	강신갑	**전화** 02.406.0047
기획	김은경	**발행처**	랭귀지북스	**팩스** 02.406.0042
편집	이지영 · Jellyfish	**등록번호**	101-90-85278	**이메일** languagebooks@hanmail.net
디자인	IndigoBlue	**등록일자**	2008년 7월 10일	**MP3 다운로드** blog.naver.com/languagebook
성우	정은혜			
녹음	BRIDGECODE	**ISBN**	979-11-5635-203-7 (73700)	
		값	15,000원	

ⓒLanguagebooks, 2023

이 책은 저작권법에 따라 보호받는 저작물이므로 무단 전재와 무단 복제를 금지하며,
이 책 내용의 전부 또는 일부를 이용하려면 반드시 저작권자와 랭귀지북스의 서면 동의를 받아야 합니다.
잘못된 책은 구입처에서 바꿔 드립니다.

하루하루
맞춤법+받아쓰기

차근차근 또박또박 하루하루 시리즈!

하루하루

❶ 모음과 자음 / ❷ 받침 없는 한 글자 I (ㄱ~ㅇ + 기본 모음) / ❸ 받침 없는 한 글자 II (ㅈ~ㅎ / 쌍자음 + 기본 모음) / ❹ 받침 없는 한 글자 III (자음 + 복잡 모음) / 받침 없는 낱말 / 받침 있는 낱말 / 기본 낱말과 문장

 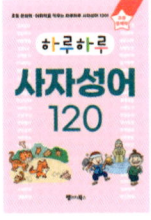     

맞춤법+받아쓰기 / 사자성어 120 / 한국을 빛낸 100명의 위인들 / 가로세로 낱말퍼즐 초1~3 교과 연계 / 가로세로 낱말퍼즐 초4~6 교과 연계 / 8급 기초 한자 / 급수한자 7급

숫자 0~10 / 덧셈과 뺄셈 / 시계와 달력 / 곱셈과 구구단 / 알파벳과 영단어 / 초등 필수 영단어 500

값 15,000원

[하루하루 맞춤법+받아쓰기]

제조자명: 랭귀지북스
제조국: 대한민국
사용연령: 5세 이상
주의: 책 모서리나 가장자리가 날카로우니 주의하세요.

KC마크는 이 제품이 공통안전기준에 적합하였음을 의미합니다.

 [MP3 다운로드]
blog.naver.com/languagebook

73700

9 791156 352037

ISBN 979-11-5635-203-7